Vertragswettbewerb in der ambulanten Gesundheitsversorgung

Speyerer Schriften zu Gesundheitspolitik und Gesundheitsrecht

Herausgegeben von Rainer Pitschas

Band 5

PETER LANG

Frankfurt am Main · Berlin · Bern · Bruxelles · New York · Oxford · Wien

Rainer Pitschas

Vertragswettbewerb in der ambulanten Gesundheitsversorgung

Zu den tatsächlichen und rechtlichen Grenzen hausarztzentrierter Versorgung durch Selektivverträge gemäß § 73 b Abs. 4 und 4 a SGB V

PETER LANG
Internationaler Verlag der Wissenschaften

Bibliografische Information der Deutschen Nationalbibliothek
Die Deutsche Nationalbibliothek verzeichnet diese Publikation in der Deutschen Nationalbibliografie; detaillierte bibliografische Daten sind im Internet über http://dnb.d-nb.de abrufbar.

ISSN 1863-253X
ISBN 978-3-631-60835-7

www.peterlang.de

Vorwort

Niemand bezweifelt heute, dass der Einbau sozialpolitisch flankierter Wettbewerbselemente in die gesetzliche Krankenversicherung stimulierende Impulse für Effizienz und Qualität der medizinischen Versorgung freizusetzen vermag. Zu Recht ist deshalb mit den voraufgegangenen Gesundheitsreformen auch der sog. Vertragswettbewerb als verfassungskongruentes Steuerungskonzept gegenwärtiger Gesundheitspolitik gestärkt worden. Die „innere Logik" der Entwicklung wettbewerblicher Strukturen für die ambulante ärztliche Leistungserbringung hat allerdings durch die Herausnahme der Kassenärztlichen Vereinigungen aus dem Kreis der Vertragspartner im Abschluss von Versorgungsaufträgen mit den gesetzlichen Krankenkassen Schaden genommen. Indem das „Gesetz zur Weiterentwicklung der Organisationsstrukturen in der gesetzlichen Krankenversicherung", das am 01. Januar 2009 in Kraft trat, zunächst nur den Ärzteverbänden die Möglichkeit einräumte, Selektivverträge mit den Krankenkassen zu schließen, hat es der konsequenten weiteren wettbewerblichen Ausformung der ambulanten vertragsärztlichen Versorgung einen Riegel vorgeschoben. Der Gesetzgeber hat im Übrigen die zukünftige Entwicklung *neuer* Versorgungsstrukturen ausschließlich in einem dezentralen, auf die besondere ärztliche Versorgung bezogenen Selektivvertragssystem organisiert.

Für das durch diese Vorgehensweise verursachte Spannungsfeld von Kollektiv- und Selektivverträgen fehlt es an gesetzlichen Maßgaben patientengerechter Auflösung im Sinne des Gesundheitsverfassungs- und Gesundheitswettbewerbsrechts. Im Fokus der Auseinandersetzungen hierum steht der § 73b SGB V als Beispiel für die Chancen und Risiken der „neuen Vertragswelt" außerhalb der kollektivrechtlich getragenen Versorgung sowie für die Auswirkungen eines selektivvertraglich geprägten Systems auf den Sicherstellungsauftrag. Die nachfolgenden Ausführungen widmen sich diesen Grundfragen nach der Zukunft der ambulanten ärztlichen Versorgung. Sie sind aus einem Gutachten hervorgegangen, das der Verfasser der Kassenärztlichen Bundesvereinigung erstattet hat.

Speyer, im Februar 2010 *Rainer Pitschas*

Inhaltsverzeichnis

Einführung: Zur aktuellen Diskussion um die hausarztzentrierte Versorgung 13

I. Die hausarztzentrierte Versorgung als eigenständiges Versorgungsmodell der ambulanten vertragsärztlichen Leistungserbringung 13

II. Regulative Steuerungsverantwortung des Hausarztes 14

III. Vorrang der Hausarztverbände bei der hausarztzentrierten Versorgung: Vertragsärztliche Versorgung am Scheideweg 15

IV. Gang der Untersuchung 18

Erster Teil: Problembefund hausarztzentrierter Versorgung nach § 73b SGB V 20

A. Gelenkter Vertragswettbewerb als verfassungskongruentes Steuerungskonzept gegenwärtiger Gesundheitspolitik 20

I. Vertragswettbewerb im Gesundheitswesen 20

1. Gesetzliche Entwicklungslinien 20

2. Systemische Auswirkungen auf die Gesundheitsversorgung 22

3. Parallelisierung vertragsgestützter Versorgungskonzepte 23

a) Kollektivvertragssystem und Einzelverträge 23

b) Ausweitung des Kollektivvertragssystems in den Bereich der privaten Krankenversicherung 24

II. Dimensionen der neuen Architektur des Vertragsarztrechts 25

1. Kontinuität vertraglicher Konkretisierung der Gesundheitsversorgung 25

2. „Neue" Reichweite vertraglicher Normkonkretisierung 26

3. Strukturparallelität selektiv- und kollektivvertraglicher Handlungsoption gem. § 73b SGB V 27

B. Auswirkungen der Strukturparallelität von Selektiv- und Kollektivvertragssystem gem. § 73b SGB V 29

I. Wirkungsebenen: Gesundheitsversorgung – „Solidarischer" Wettbewerb – Institutioneller Rahmen 29

1. Gesundheitsversorgung als soziale Daseinsvorsorge 30

2. „Solidarischer" Wettbewerb durch Selektivverträge 32

3. Institutioneller Rahmen der vertragsärztlichen Versorgung 33

II. Rechtstatsächliche Probleme selektivvertraglicher Gesundheitssicherung als Ergebnis einer Wirkungsanalyse 34

1. Sicherstellungs- und Rechtsanwendungsprobleme der Gesundheitsversorgung 35

a) Zersplitterung der „Vertragslandschaft" und Asymmetrie der Vertragsbeziehungen 36

b) Gefährdung gleichartiger Gesundheitsversorgung und rechtswidrige Einschränkung der freien Arztwahl 36
c) Unklarer Leistungsumfang selektivvertraglicher Versorgung und Qualitätsdefizite 38
d) Bereinigung der KV-Gesamtvergütung bei fehlendem Nachweis des tatsächlichen Behandlungsaufwandes 39
e) Datenschutz und Schweigepflicht im Rahmen hausarztzentrierter Versorgung 41
2. Wettbewerbliche Mängel der Ausgestaltung selektiver Vertragsbeziehungen 44
a) „Fairer" Wettbewerb zwischen Leistungserbringern und Krankenkassen 44
b) Potentielle Nachfrageübermacht von Krankenkassen und ärztlichen Leistungserbringern 44
c) Gefährdete Vertragsautonomie und beförderter Funktionswandel des Arztberufs 45
d) Vertragswettbewerb zu Lasten der Versicherten 47
3. Gelenkter Vertragswettbewerb und institutionelle Sicherstellung der Gesundheitsversorgung 48
a) Übergang des Sicherstellungsauftrags auf die Krankenkassen 48
b) Erosion der KV-Strukturen im Kollektivvertragssystem 48
c) Veränderungsbedarfe des institutionellen Arrangements vertragsärztlicher Interessenvertretung 49
d) Kollaborative Governance oder Ohnmacht der Selbstverwaltung? 50
e) Delegitimierende Berufung der Schiedsperson für den selektiven Vertragswettbewerb 51
III. Grundsätzliche Kritik an der Neufassung des § 73b SGB V 53
1. Eignungsdefizit der hausarztzentrierten Versorgung als Versorgungsform 54
2. Mangelnde Zwecktauglichkeit (Kohärenz) der gesetzgeberischen Regelung 55
a) Untauglichkeit der Zwecksetzung 55
b) Fehlende Vollzugseffektivität 56

Zweiter Teil: Verfassungs- und gemeinschaftsrechtliche Grenzen gesetzgeberischer Entwicklung hausarztzentrierter Versorgung 57
C. Verfassungs- und gemeinschaftsrechtliche Eckpunkte des Vertragswettbewerbs 57
I. Zwischenbilanz zum Problembefund 57
II. Verfassungs- und Gemeinschaftsrecht als Maßstab und Grenze der vertraglichen Normkonkretisierung 58
1. Verfassungs- und gemeinschaftsrechtlicher Problemhorizont 58
2. Gestaltungs- und Entwicklungsspielraum des Gesetzgebers für das Konzept des Vertragswettbewerbs 59
3. Zulässige Normenkonkretisierung durch vertragliche Abreden 60
III. Verfassungsrechtlicher Kompetenzrahmen hausarztzentrierter Versorgung gem. § 73b SGB V 61
1. Gesetzgebungszuständigkeit für das Vertragsarztwesen 61
2. Zuständigkeitskonkurrenz zwischen Bund und Ländern 62
a) Abgrenzung der bundesrechtlichen Sozialversicherungskompetenz von der berufsrechtlichen Rechtsetzungszuständigkeit der Bundesländer 62
b) Immanente Kompetenzschranken? 62
D. Grundrechtsschutz von Versicherten und der in § 73b SGB V nachrangig berücksichtigten vertragsärztlichen Leistungserbringer, die an der allgemeinen hausärztlichen Versorgung nach § 73 Abs. 1a SGB V teilnehmen 64
I. Fehlender Grundrechtsschutz der Kassenärztlichen Vereinigungen 64
II. Art. 2 Abs. 1 GG in Verbindung mit Art. 1 Abs. 1 GG und dem grundgesetzlichen Sozialstaatsprinzip 65
III. Materieller Grundrechtsschutz durch die negative Vereinigungsfreiheit (Art. 9 Abs. 1 GG) 66
IV. Gleichheitsdirigierte Berufsfreiheitsgarantie (Art. 12 Abs. 1 GG i. V. mit Art. 3 Abs. 1 GG) und Verhältnismäßigkeitsgrundsatz 67
1. Inhalt und Reichweite des berufsverfassungsrechtlichen Schutzes 67
2. „Hausarzt-Oligopol“ gem. Art. 73b Abs. 4 SGB V als Berufszugangsregelung/Berufsausübungsregelung 68
3. Gleichheitswidriger Ausschluss von Hausärzten aus der Teilnahme an der hausarztzentrierten Versorgung 68
4. Ergebnis 69
V. Gebot der Systemgerechtigkeit (Art. 3 GG) hausarztzentrierter Versorgung und der Normenwahrheit 70
1. „Systemgerechtigkeit“ als Kontinuitätsgebot und gesetzgeberische Pflicht zur Sachgerechtigkeit der Ausgestaltung hausarztzentrierter Versorgung 70

a) Allgemeiner Gleichheitssatz als Kontinuitätsgebot 70
b) „Systemgerechtigkeit" als Sachgerechtigkeit von Zugangsregelungen zur Gesundheitsversorgung 70
2. „Systemgerechtigkeit" als Gebot der Folgerichtigkeit und Widerspruchsfreiheit von Versorgungsregelungen („Kohärenzgebot") 71
3. Ergebnis 71
E. Vertragswettbewerb in der hausarztzentrierten Versorgung und Gemeinschaftsrecht 73
I. Die Rolle der gemeinschaftsrechtlichen Grundfreiheiten und des europäischen Wettbewerbsrechts für den Vertragswettbewerb nach dem Sozialgesetzbuch 73
1. Vertragswettbewerb und europäisches Gesundheitswettbewerbsrecht 73
2. Verstoß von § 73b SGB V gegen die Niederlassungs- und Dienstleistungsfreiheit als Primärnormen des Gemeinschaftsrechts 73
II. Europäisches Vergaberecht und Selektivverträge nach § 73b SGB V 75
1. Europäisches und nationales Vergaberecht 75
a) Anwendbarkeit der Vergaberichtlinie 2004/18/EG 76
b) Kartellvergaberecht als nationale Umsetzung 76
2. Folgerungen für die Anwendung von § 73b SGB V 77
a) § 73b Abs. 4 S. 1 SGB V 77
b) § 73b Abs. 4 S. 3 und 4 SGB V 77
3. Ergebnis 78
III. Wettbewerbsrechtliche Bindungen bei der Vergabe von Selektivverträgen 78
1. Idealkonkurrenz von Vergabe- und Kartellrecht 78
2. Das Kartellverbot gem. Art. 101 AEUV 79
a) Tatbestand und Verbotsfolgen 80
b) Wettbewerbsbeschränkende Tätigkeit der „Gemeinschaften" i. S. des § 73b SGB V 80
3. Missbrauchsverbot gem. Art. 102 AEUV und nach nationalem Wettbewerbsrecht 80
a) Tatbestand 80
b) Verbotsfolgen 81
4. Ergebnis 81
IV. Insbesondere: Zugangsvorrang zur hausarztzentrierten Versorgung für „Hausarztgemeinschaften" als verbotene staatliche Beihilfe 82
1. Wettbewerb innerhalb des Binnenmarktes und Beihilfenverbot 82

2. Begriff der Beihilfe 82
3. Begünstigung der Hausarztgemeinschaften nach § 73b Abs. 4 S. 1 SGB V 83
a) „Begünstigung“ als Tatbestandsvoraussetzung 83
b) Hausarztgemeinschaften nach § 73b Abs. 4 S. 1 SGB V als „Unternehmen“ 83
c) Aus staatlichen Mitteln 84
4. Beeinträchtigung des Handels zwischen den Mitgliedstaaten 84
5. Ergebnis 85
Dritter Teil: Zusammenfassung 86
F. Ergebnisse der rechtlichen Analyse und Rechtschutzaspekte 86
I. Die Einführung der hausarztzentrierten Versorgung als Merkmal des Systemwandels im Gesundheitswesen 86
II. Sorgfaltsdefizite der Gesetzgebung mit Verstößen gegen die Grundsätze legislativer Kohärenz und Normenwahrheit 86
III. Verfassungsverstöße der gesetzlichen Regelungen in § 73b SGB V 87
IV. Gemeinschaftsrechtliche Unverträglichkeit des § 73b SGB V 88
V. Rechtsschutzaspekte 89

Verzeichnis der Speyerer Schriften zu Gesundheitspolitik und Gesundheitsrecht 91

Einführung: Zur aktuellen Diskussion um die hausarztzentrierte Versorgung

I. Die hausarztzentrierte Versorgung als eigenständiges Versorgungsmodell der ambulanten vertragsärztlichen Leistungserbringung

Nach § 73b Abs. 1 SGB V haben die (gesetzlichen) Krankenkassen ihren Versicherten eine *besondere* hausärztliche Versorgung („hausarztzentrierte Versorgung“) anzubieten. Die hausärztliche Versorgung ist bereits durch das Gesundheitsmodernisierungsgesetz (GMG) zum 1. Januar 2004 als eigenständiges Versorgungsmodell vom Gesetzgeber eingeführt worden.[1] Seine eigentliche praktische Bedeutung hat es jedoch erst durch das vielgescholtene „Gesetz zur Stärkung des Wettbewerbs in der gesetzlichen Krankenversicherung (GKV-Wettbewerbsstärkungsgesetz – GKV-WSG)“[2] entfaltet, das zum 1. April 2007 in Kraft trat und allgemein den Vertragswettbewerb um Versicherte, Leistungen, Preise und Qualität in der gesetzlichen Krankenversicherung erweiterte sowie stärkte.[3] Das Gesetz sah hierfür in § 73b SGB V a. F. ein neu durchgestaltetes *Hausarztmodell* vor, in das eine Ausschreibungspflicht für die Krankenkassen unter Gewährleistung enger Vertragsspielräume integriert wurde.

Mit diesem Regelwerk öffnete der Gesetzgeber die hauszentrierte Versorgung erstmals Einzelverträgen, denen zugleich eine selektive Wirkung durch die Möglichkeit zur Auswahl bestimmter Vertragspartner unter den ärztlichen Leistungserbringern innewohnte. Gleichzeitig sah sich der Grundsatz aufgegeben, dass die „Sicherstellung der hausarztzentrierten Versorgung mit besonders qualifizierten Hausärzten“ (§ 73b Abs. 2 SGB V i. d. F. des GMG) in den Gesamtverträgen auszuformen ist. In der Folge dessen waren bereits Mitte des Jahres 2007 bundesweit 40 separate Hausarztverträge bekannt, von denen 88 % eine Beschränkung auf eine bestimmte Region aufwiesen und 60 % unter Beteiligung einer Kassenärztlichen Vereinigung (KV) geschlossen worden waren.[4]

---

1 Gesetz zur Modernisierung der gesetzlichen Krankenversicherung (GMG) v. 14.11.2003 (BGBl. I, S. 2190); hierzu u. a. *Muckel/Hiddemann*, Das Gesetz zur Modernisierung der gesetzlichen Krankenversicherung, NJW 2004, 7 ff.

2 Vom 26.03.2007 (BGBl. I; S. 378); dazu u. a. *Bitter*, GesR 2007; *Pfeiffer*, ZMGR 2007, 119.

3 *Pitschas*, Verfassungs- und sozialrechtliche Bewertung der Regelungen des GKV-Wettbewerbsstärkungsgesetzes, in: Ders. (Hrsg.), Gesetzliche Krankenversicherung und Wettbewerb, Frankfurt a. M. 2008, S. 109 ff.

4 Vgl. die Angaben bei *Walter*, Neue gesetzgeberische Akzente in der hausarztzentrierten Versorgung, NZS 2009, 307 ff. m. Anm. 8.

II. Regulative Steuerungsverantwortung des Hausarztes

Die Idee, einen *Wettbewerb um die besseren ambulanten Versorgungsangebote und höhere Versorgungseffizienz* zu entwickeln, damit aber auch eine regulative Steuerungsverantwortung des Hausarztes als „Lotsen" durch das Versorgungsgeschehen nicht zuletzt aus Wirtschaftlichkeitsgründen zu verbinden[5], scheint zunächst zu überzeugen. Denn kaum jemand bezweifelt heute noch, dass der Einbau sozialpolitisch flankierter Wettbewerbselemente in die GKV stimulierende Impulse für Qualität und Effizienz der medizinischen Versorgung freisetzt. So wurde vor allem der Wettbewerb um eine qualitativ hochwertige und effiziente medizinische Versorgung mit dem GKV-WSG auf allen Ebenen deutlich intensiviert. Neben den besonderen Versorgungsverträgen, die von der kollektivvertraglichen Versorgung abweichen oder darüber hinausgehen, ist die integrierte Versorgung zu nennen, die sowohl eine interdisziplinäre als auch eine sektorenübergreifende Kooperation vorsehen darf.

Die Möglichkeit der Kooperation und Verzahnung über Versicherungszweige hinweg ist zugleich auf Pflegeleistungen ausgedehnt worden. Jeweils dürfen besondere Versorgungsverträge mit Ärzten, Gruppen von Ärzten und Managementgesellschaften geschlossen werden. Krankenkassen dürfen für die Inanspruchnahme bestimmter Leistungen besondere Tarife anbieten, wenn und soweit die Versicherten ein vertraglich vereinbartes Netz von Leistungserbringern in Anspruch nehmen. Eigenverantwortung und Solidarität ergänzen sich auf diese Weise wechselseitig.[6]

Überhaupt ist verfassungsrechtlich nicht zu beanstanden, dass die GKV den Versicherten Leistungen nur nach Maßgabe eines allgemeinen Leistungskatalogs (§ 11 SGB V) unter Beachtung des Wirtschaftlichkeitsgebots (§ 12 SGB V) zur Verfügung stellt, soweit diese Leistungen nicht der Eigenverantwortung des Versicherten zugerechnet werden.[7] Dabei darf der Leistungskatalog der GKV auch von finanzwirtschaftlichen Erwägungen mitbestimmt werden[8]; gerade der Kostenaspekt hat für gesetzgeberische Entscheidungen aus verfassungsprinzipieller Perspektive ein erhebliches Gewicht. Die gesetzlichen Krankenkassen sind von Verfassungs wegen auch nicht gehalten, alles das zu leisten, was an

---

5 So bereits die Intention des GMG (Fn. 1), vgl. Becker/Kingreen/*Huster*, SGB V, Kommentar, München 2008, § 73 b Rn. 1; siehe ferner aus den Materialien zum GKV-WSG (Fn. 2) BT-Drs. 16/3100, S. 112: „Steuerungsverantwortung".

6 *Pitschas*, Die Zukunft der sozialen Sicherungssysteme, in: Veröffentlichungen der Vereinigung der Deutschen Staatsrechtslehrer, Bd. 64 (2005), S. 109 (111 ff.).

7 Vgl. BVerfGE 115, 25 (45); *Becker*, Das Recht auf Gesundheitsleistungen, FS U. Steiner, Stuttgart 2009, S. 51 (67 ff.).

8 BVerfGE 68, 193 (218); 70, 1 (26, 30); 103, 172 (184); 115, 25 (46); BSG, SozR 4 – 2500 § 62 Nr. 6 RdNr. 14 m. w. Nachw.

Mitteln zur Erhaltung und Wiederherstellung der Gesundheit verfügbar ist. Freilich sind hier engste Grenzen zu beachten.[9]

Offen ist allerdings die Frage, ob dies auch gilt, wenn die besondere hausarztzentrierte Versorgung nach § 73b SGB V in der nunmehr geltenden Fassung jenseits expliziter rechtlicher Sonderregelungen im Gesetz aus dem Grundkonzept der GKV heraus fällt. Ich möchte das verneinen. Immer dann, wenn es an gesetzlichen Maßgaben für die hausarztzentrierte Versorgung fehlt, findet das allgemeine Vertragsarztrecht wieder Anwendung (vgl. § 73b Abs. 5 S. 4 SGB V). Verantwortlich für diese *Auffangfunktion* zeichnet nicht zuletzt der Normalcharakter der das allgemeine Recht des SGB V konkretisierenden kollektivvertraglichen Abreden.

III. Vorrang der Hausarztverbände bei der hausarztzentrierten Versorgung: Vertragsärztliche Versorgung am Scheideweg

Anlass für diese „Nachfrage" gibt u. a. die vom Gesetzgeber zu Beginn des Jahres 2009 betroffene Vorrangentscheidung zur Sicherstellung ambulanter ärztlicher Versorgung durch legislatorisch bestimmte Hausarztverbände. Die „innere Logik" der Entwicklung des Wettbewerbs als Steuerungsprinzip der ambulanten ärztlichen Leistungserbringung hat dadurch Schaden genommen; der Gesetzgeber hat mit der partiellen Herausnahme der *Kassenärztlichen Vereinigungen* (KV'en) aus dem Kreis der Vertragspartner der konsequenten weiteren wettbewerblichen Ausformung der ärztlichen Versorgung Einhalt geboten. Das „Gesetz zur Weiterentwicklung der Organisationsstrukturen in der gesetzlichen Krankenversicherung – OrgWG"[10], das am 1. Januar 2009 in Kraft trat, sieht nämlich in § 73b Abs. 4 S. 1 SGB V n. F. vor, dass „zur flächendeckenden Sicherstellung" der besonderen hausärztlichen Versorgung („hausarztzentrierte Versorgung") die Krankenkassen „allein oder in Kooperation mit anderen Krankenkassen spätestens bis zum 30.06.2009 Verträge mit Gemeinschaften zu schließen (haben), die mindestens die Hälfte der an der hausärztlichen Versorgung teilnehmenden Allgemeinärzte des Bezirks der Kassenärztlichen Vereinigung vertreten".

Diese Vorrangstellung der durch das Gesetz solchermaßen privilegierten Hausarztverbände wird noch durch die Regelung unterstrichen, im Falle fehlender Einigung mit den Krankenkassen gem. § 73b Abs. 4 S. 2 i. V. m. § 73b Abs. 4a SGB V n. F. ein spezifisches „Schiedsverfahren" zu beantragen, in dessen Folge eine „Schiedsperson" bestimmt wird, in deren Dafürhalten es dann liegen soll, „den Inhalt des Vertrages" zur hausärztlichen Versorgung festzulegen. Offenkundig hat damit der Gesetzgeber in den KV-Regionen, in denen die Hausarzt-

9 Vgl. BVerfGE 115, 25 (46); BSGE 96, 153 (158).
10 Vom 15.12.2008 (BGBl. I, S. 2426).

verbände mindestens die Hälfte der an der hausärztlichen Versorgung teilnehmenden Allgemeinärzte vertreten, *parallel* zu den Kollektivverträgen eine eigenständige Versorgungsstruktur über Selektivverträge geschaffen.

Auch diese Regelung lässt zahlreiche rechtliche Fragen offen, auf die später noch einzugehen sein wird. Und nur dann, wenn die Krankenkassen in dem Bezirk einer KV keinen Vertragspartner gefunden haben, der die Vertretungsvoraussetzungen für die Hausarztgemeinschaft erfüllt, „haben sie zur flächendeckenden Sicherstellung des Angebots (nach § 73 Abs. 1 SGB V) Verträge mit einem oder mehreren der (in § 73b Abs. 4 S. 3 SGB V) genannten Vertragspartner“ zu schließen. Doch besteht in diesem Fall *kein Anspruch* auf Vertragsabschluss; die Aufforderung zur Abgabe eines Angebots ist unter Bekanntgabe objektiver Auswahlkriterien auszuschreiben. Hierfür könnte das Vergaberecht maßgeblich sein, was zu klären bleibt. Überdies zählen in diesem Kontext auch die KV'en, „soweit Gemeinschaften der vertragsärztlichen Leistungserbringer“ nach § 73b Abs. 4 S. 3 Nr. 2 SGB V „sie hierzu ermächtigt haben“, zu den potentiellen Vertragspartnern.

Bei alledem darf allenfalls von einem rechtlich ausgeformten *vorläufigen* „Vertragsmonopol“ der Hausarztgemeinschaft die Rede sein; die Hausarztverbände haben auch keinen Anspruch auf Abschluss eines Vertrages mit einem bestimmten Inhalt.[11] Doch stellt der Gesetzgeber nicht nur die Hausarztverbände als *bevorzugte* Vertragspartner der gesetzlichen Krankenkassen heraus. Mit der (partiellen) Ausschaltung der KV'en aus dem Vertragsgeschehen nimmt er den bislang dominierenden *gesamtvertraglichen Abreden* zur hausärztlichen Versorgung weithin die ihnen bislang innewohnende entsprechende rechtliche Reichweite. Stattdessen wird zur Förderung des Versorgungswettbewerbs dem Aufbau einer „zweiten Versorgungsstruktur“ in der hausärztlichen Versorgung über Selektivverträge der Hausarztverbände mit den gesetzlichen Krankenkassen nahezu unbegrenzter Spielraum geboten. Die hieran anknüpfende entscheidende Frage ist, ob ein solches *versorgungsfunktionales Parallelsystem* (*H. Schirmer*) mit den Maßgaben des SGB V, dem (Verfassungs-)Gesundheitsrecht sowie dem Wettbewerbsrecht, aber auch mit dem Gemeinschaftsrecht vereinbar ist.[12]

Hieran zu zweifeln, besteht aller Anlass. Denn es fehlt vor allem an einem ausformulierten *gesetzlichen Ordnungsrahmen*, innerhalb dessen sich die detaillierten kollektivvertraglichen Versorgungsabsprachen zur Versorgung und einzel-

---

11 Vgl. *Walter* (Fn. 4), 308 l. Sp.; gegen die Annahme einer (dauerhaften) rechtlichen Monopolstellung des Hausärzteverbandes auch *J. Schütz*, Es gibt keine „Lex Hauärzteverband“, Der Hausarzt 20/2008, 16 (17 f.).

12 Dazu siehe aus der bisherigen Literatur mit unterschiedlichen Antworten *Adolf*, jurisPK – SGB V, § 73b, Rn. 30 ff.; *Engelmann*, Kommentierung zu § 73b SGB V, in: D. Prütting (Hrsg.), Fachanwaltskommentar Medizinrecht, 2010, S. 964 ff.; *Kingreen/Temizel*, ZMGR 2009, 134 ff.; *Orlowski*, ZMGR 2009, 124 ff.; *Paquet*, Gesellschaftspolitische Kommentare 5/09, 3 ff.; *Schirmer*, ZMGR 2009, 143 ff.; *Schütz*, ZMGR 2009, 155 ff.; *Walter*, a. a. O. (Fn. 4); *Wenninghoff*, ZMGR 2009, 167 ff.; *Wigge*, MedR 2008, 139 ff.

vertragliche Regelungen mit einander verbinden ließen. Neben rechtlichen Eckpunkten zur Art und Weise des Wettbewerbs der strukturparallelen Versorgungsangebote bedürfte es auch und zugleich gesetzlicher Festlegungen zur künftigen Rolle und Funktion der KV'en sowie zur Einpassung der Selektivverträge in das System der Gemeinsamen Selbstverwaltung insgesamt. Erforderlich ist somit auch ein *institutioneller Rahmen* für den künftig doppelt strukturierten Vertragswettbewerb.

Nicht von ungefähr muss sich also der Gesetzgeber der gewichtigen Bedeutung bewusst werden, die den KV'en zukommt. Zumal im aktuellen Übergang der Gesundheitswirtschaft zu ausdifferenzierten Marktstrukturen[13] bedarf es deren Einbezugs bei der Disziplinierung des „freien Spiels der Kräfte" im Wettbewerb um Kassenmitglieder, Preise und Leistungen sowie um Qualität. So richtig es ist, aus gesundheitspolitischer Sicht auf den Stellenwert von Verhandlungen über Versorgungsangebote zu verweisen, fehlen jedoch „Anker" für die richtigen Auswahl- bzw. Vertragsentscheidungen durch die Versicherten und sind Regulierungs- und Sicherstellungsinstanzen, wie sie die KV'en darstellen, unverzichtbar.[14] Demgegenüber steht schon heute der *Gewährleistungsfunktion* von Kollektivverträgen und der Ordnungskraft dieses Systems normativer Vor-Entscheidungen in der gesundheitlichen Versorgung eine systeminterne Verbändepolitik entgegen, die sich zugunsten kurzfristiger finanzieller Vorteile über Einzel- bzw. Direktverträge der Vertretung durch die KV'en zu entziehen sucht.[15]

Es scheint deshalb nicht übertrieben festzustellen, dass in dieser Situation die vertragsärztliche Versorgung gegenwärtig an ihrem *Scheideweg* steht. Nicht nur haben die vorangegangenen Gesundheitsreformen das bisherige Vertragsmonopol der Kassenärztlichen Vereinigungen aufgebrochen und den (Ver-)Handlungsspielraum für freie Ärztevereinigungen („Gemeinschaften") erweitert. Die Möglichkeit, Selektivverträge mit den Krankenkassen zu schließen, hat vielmehr auch und zugleich die Ärzteverbände gestärkt. Der Wettbewerb um den Versorgungsauftrag zwischen ihnen und den KV'en ist deshalb, wie nicht zuletzt die Auseinandersetzung um die Hausarztverträge zeigt[16], mit zerstörerischer Wirkung entfacht – und mit ihm flammt auch die Debatte um die künftige Organisation und Ausgestaltung einer flächendeckenden ambulanten ärztlichen Versorgung sowie um deren Sicherstellung auf.

---

13 Hierzu die empirischen Daten bei *Dostal*, Gesundheitswirtschaft in Deutschland: Aufbruch ins Markenzeitalter, Vilsbiburg 2009.

14 Ebenso *B. Fischer*, FAZ v. 12.11.2009, S. 13; *Paquet* (Fn. 12), S. 5 f.

15 Der Deutsche Hausärzteverband mit seinen Regionalverbänden ist nur ein Beispiel hierfür, siehe *Schütz* (Fn. 11), 16 ff.; vgl. aber auch *Bittmann*, Regionale Versorgungskonzepte – das werden die KVen nicht leisten können, Ärzte-Zeitung v. 12.11.2009.

16 Vgl. zuletzt etwa *Rieser*, Friedensangebot an die Hausärzte, Dt. Ärztebl. 2009, Jg. 106, H. 50, S. C 2079 f.

IV. Gang der Untersuchung

Vor dem voraufgehend skizzierten Hintergrund fragt die hiesige Untersuchung nach den (verfassungs-)rechtlichen Maßgaben und Grenzen des Vertragswettbewerbs durch Selektivverträge in der ambulanten ärztlichen Versorgung, wie er durch § 73b Abs. 4 und 4a SGB V ausgeweitet wird.[17] Sie geht davon aus, dass der gesetzlich definierte Einstieg in eine wettbewerbliche Ordnung der ärztlichen Versorgung – unabhängig von der konkreten und künftigen Ausgestaltung des § 73b SGB – nicht mehr umkehrbar ist.[18] Dem Versuch, die darin geborgene *Ausgangsthese des Gutachtens* vom gelenkten Vertragswettbewerb als verfassungskongruentes Steuerungskonzept der Gesundheitspolitik zu belegen, dienen denn auch die nachfolgenden Ausführungen zu *Teil A* der Untersuchung. Die Regelungen des § 73b SGB V bilden in Bezug darauf – soviel wird deutlich – ein Beispiel für die Chancen und Risiken der neuen Vertragswelt, die parallel zur überkommenen vertragsärztlichen Versorgung – aber nicht etwa völlig ohne Verbindung zu dieser – im Entstehen begriffen ist.

Hinzu treten die näher dargestellten Auswirkungen des selektivvertraglich geprägten Versorgungssystems auf den Sicherstellungsauftrag der Kassenärztlichen Vereinigungen. Dem Problembefund hierzu widmen sich aus rechtlicher Perspektive in der Form einer Wirkungsanalyse die Überlegungen im *Teil B* des Gutachtens. Sie setzen sich mit den Anwendungsschwierigkeiten der Vorschrift im Rahmen des „einfachen" Rechts sowie mit deren Fehleranfälligkeit auseinander.

Die daraus erfließende Zwischenbilanz zum Normbefund leitet zum *Teil C* der Untersuchung über. In diesem werden die neuralgischen verfassungs- und gemeinschaftsrechtlichen Eckpunkte sowie der Kompetenzrahmen der gesetzgeberischen Ausgestaltung hausarztzentrierter Versorgung unter dem Grundgesetz diskutiert. Verfassungsrechtliche Bedenken gegenüber deren jetziger Fassung finden sich aus materiell-rechtlicher Perspektive im anschließenden *Teil D* formuliert, und zwar einerseits aus Art. 12 Abs. 1 i. V. m. Art. 3 Abs. 1 GG, andererseits aus der Verletzung des Gebotes der Systemgerechtigkeit (Art. 3 GG) in seiner Ausprägung als Grundsatz der Folgerichtigkeit und Widerspruchsfreiheit bzw. Kohärenz von Regelungen zur hausärztlichen Versorgung. Dem schließen sich Ausführungen zum Verfassungsgebot eines auf Ineffektivität hinauslaufenden Gesetzesvollzugs an. *Teil E* des Gutachtens formuliert sodann die wettbewerbs- und vergaberechtlichen Schranken des Gemeinschaftsrechts gegenüber den (Verfahrens-)Regelungen des § 73b SGB V. Zugleich verstößt der Vorrang ausgewählter Gemeinschaften bei der Zulassung zur Versorgung gegen die gemeinschaftsrechtliche Niederlassungs- und Dienstleistungsfreiheit. Der *Teil F*

---

17 Dazu die Beiträge a. a. O. (Fn. 12); s. ferner KassKomm/*Hess*, § 73b SGB V RdNrn. 21 ff.; *Schlegel*, Wettbewerbsrechtliche Schranken eines selektiven Vertragswettbewerbs, in: R. Pitschas (Fn. 3), S. 23 ff.

18 Vgl. *Orlowski* (Fn. 12), 133.

fasst sodann die Ergebnisse der (verfassungs- und gemeinschafts)rechtlichen Analyse zusammen.

Erster Teil: Problembefund hausarztzentrierter Versorgung nach § 73b SGB V

A. Gelenkter Vertragswettbewerb als verfassungskongruentes Steuerungskonzept gegenwärtiger Gesundheitspolitik

I. Vertragswettbewerb im Gesundheitswesen

1. Gesetzliche Entwicklungslinien

Die Einführung und Weiterentwicklung von *Wettbewerb* als Steuerungsinstrument im Gesundheitssystem zählt, wie bereits angedeutet, seit einer Reihe von Jahren zu den bevorzugten Zielen der staatlichen Gesundheitspolitik. Seine instrumentelle Nutzung soll zu einem zukunftsfesten und leistungsfähigen solidarischen Gesundheitssystem verhelfen, das durch stärker dem Wettbewerbsdenken geöffnete Strukturen die Qualität und Wirtschaftlichkeit der Gesundheitsversorgung in Deutschland zu verbessern geeignet ist. Um auf diese Weise eine effiziente, qualitativ hochwertige Versorgung der Patienten zu erreichen, sind nach der Vorstellung des Gesetzgebers die Wahlmöglichkeiten der Akteure im Gesundheitswesen, Handlungsspielräume und Freiheitsgrade zu vergrößern; die dadurch geförderte Eigenverantwortung der Patienten muss mit dem Verzicht auf übergroße Bürokratie, Kontrolle und staatlich vorgegebene Detailsteuerung des Gesundheitssystems verbunden werden.[19]

Den Kern der entsprechenden gesetzgeberischen Anstrengungen bildete das gesetzgeberische Paket zur „Gesundheitsreform" im ersten Jahrzehnt des neuen Jahrtausends. Dazu zählte zuletzt das „Gesetz zur Stärkung des Wettbewerbs in der gesetzlichen Krankenversicherung (GKV-Wettbewerbsstärkungsgesetz – GKV-WSG)"[20], das am 1. April 2007 in Kraft getreten ist, ferner das dieser „Gesundheitsreform 2007" voraufgegangene „Gesetz zur Modernisierung der gesetzlichen Krankenversicherung (GKV-Modernisierungsgesetz-GMG)" vom 14. November 2003[21] sowie das „Gesetz zur Änderung des Vertragsarztrechts und anderer Gesetze (Vertragsarztrechtsänderungsgesetz-VÄndG)", das zum 1. Januar 2007 in Kraft trat.[22] Diesen drei Gesetzesvorhaben, die in ihrer Gesamtheit die maßgeblichen Schritte des Gesetzgebers zur sog. Gesundheitsreform 2007 verkörpern, folgte im Jahr 2008 das „Gesetz zur Weiterentwicklung der

19 *R. Pitschas*, Soziale Sicherungssysteme im „europäisierten" Sozialstaat, in: FS BVerfG, Bd. II, Tübingen 2001, S. 827 (828 ff.); Sozialbericht 2009, BT-Drs. 16/13830, S. 91 f.

20 A. a. O. (Fn. 2).

21 A. a. O. (Fn. 1).

22 Vom 22.12.2006 (BGBl. I, S. 3439); dazu u. a. *Orlowski*, VSSR 2007, 157 ff.

Organisationsstrukturen in der gesetzlichen Krankenversicherung (GKV-OrgWG)".[23] Es vollendete das gesundheitspolitische „Modernisierungspaket" und die in ihm enthaltene Förderung des Vertragswettbewerbs unter gleichzeitiger Einführung eines *Sondervertragsrechts* der hausarztzentrierten Versorgung.[24]

In der Folge dieser Gesetzgebung und in ihrem Gesamtzusammenhang dürfte jenseits aller Zweifel an dem bisherigen Ertrag Einigkeit darüber bestehen, dass jede Auseinandersetzung über den künftigen Modernisierungsdruck in der gesetzlichen Krankenversicherung stärker als zuvor deren inzwischen verrechtlichte wettbewerbliche Ausrichtung in Rechnung zu stellen hat. Darin liegt eine nicht zuletzt verfassungsrechtlich geforderte und der Freiheitsordnung des Grundgesetzes geschuldete Zielorientierung des Gesetzgebers.[25] Die gleichfalls vom Grundgesetz aufgegebene Verwirklichung des sozialstaatlichen Auftrags zur Weiterentwicklung einer solidarischen und sozialgerechten Krankenversorgung in Deutschland[26] ist daher in der Konkretisierung des Gesetzesrechts *auch* an den Bedingungen von *Markt und Wettbewerb* auszurichten; sie hat von daher ebenso die Wirtschaftlichkeit der Leistungserbringung und ihre vertragliche Verpflichtung auf intersektorale Qualität einzufordern.

Dieser Grundlegung verrechtlichter Gesundheitspolitik entsprechen die Merkmale des durch die voraufgehend skizzierte Modernisierungsgesetzgebung mittlerweile herbeigeführten „*Systemwandels*" in der gesetzlichen Krankenversicherung. Ihn prägt neben der Ausgestaltung der gesetzlichen Krankenkassen als Einkaufs- und Regulierungsagenturen des Gesundheitsfonds für Versorgungsleistungen – koordiniert durch den Spitzenverband Bund – auch die Fortentwicklung des „Wettbewerbs" als Steuerungskonzept des Gesundheitssystems auf verschiedenen *Ebenen* unter Nutzung der Vertragsform.[27] Hinzu treten die

---

23 Vom 15.12.2008 (BGBl. I, S. 2426), in Kraft getreten zum 1.1. 2009.

24 Einen Überblick hierzu gibt *Joussen*, in: Kreikebohm/Spellbrink/Waltermann (Hrsg.), Kommentar zum Sozialrecht, München 2009, § 73b, Rn. 2 f.; spezifizierter noch *Schulteis*, Hausarztzentrierte Versorgung, 2007, S. 23 ff.

25 BVerfGE, Urt. v. 10.06.2009 – 1 BVR 706, 814, 819, 832, 837/08, NZS 2009, 436 („Basistarif"), Rz. 187, 194, 241; *Eykmann*, Verfassungsrechtliche Anforderungen an die öffentlich-rechtlichen Gewährleistungen im Gesundheitswesens, Homburg 2008, S. 10 f., 201 ff.; *Hufen*, Das Urteil des Bundesverfassungsgerichts zur Privaten Krankenversicherung – Ein Freibrief für den Gesetzgeber?, NZS 2009, 649 (651); *Pitschas* (Fn. 19), S. 828 ff.; Sozialbericht, a. a. O. (Fn. 19), S. 91 f.

26 BVerfGE 103, 172 (184 ff.); 103, 197 (221 ff.); 115, 25 (44 f.); *Huster*, Gesundheitsgerechtigkeit: Public Health im Sozialstaat, JZ 2008, 859 (862 ff.); *Pitschas* (Fn. 19), S. 831 ff.

27 Zu der „Option eines echten Vertragskonzepts aktivierender Sozialpolitik" siehe *Ebsen*, Der Arbeitslose als Sozialbürger und Klient. Der Betroffene im Konzept des aktivierenden Sozialstaats, in: FS 50 Jahre BSG, Köln u. a. 2004, S. 725 (736 ff.); vgl. ferner *ders.*, Vertragsbeziehungen zwischen Krankenkassen und Leistungserbringern, in: Sodan (Hrsg.), Die sozial-marktwirtschaftliche Zukunft der Krankenversicherung, Berlin 2005,

entsprechenden Anstrengungen des Gesetzgebers einerseits zur Zusammenführung der gesetzlichen Krankenkassen im Wege von Fusionen zu größeren Einheiten und zu der Überleitung ihres Handelns in einen damit verbundenen intensivierten *Kassenwettbewerb*. Zugleich und andererseits wird in diesem Zusammenhang ein stufenweise angelegtes Entwicklungskonzept der Annäherung von gesetzlichen und privaten Krankenkassen i. S. einer solidarischen Gesundheitsversorgung unter Einbezug der privaten Krankenversicherung als Gesamtheit von „Unternehmen“ erkennbar. Wie bereits früher vorausgesagt, hat sich diese Steuerungslinie der Gesetzgebung bisher als verfassungsrechtlich bestandsfest erwiesen.[28]

Auf diesem Fundament sieht sich der schon zuvor gegebene, freilich ursprünglich noch sehr schmale *vertragsgestützte Beitrags- und Leistungswettbewerb*[29] mit einer prinzipiell erweiterten Steuerungsfunktion ausgestattet. Das GKV-WSG setzt mit der Zulassung wettbewerblicher Verträge nach §§ 73b SGB V (Hausarztverträge) und 73c SGB V (Facharztverträge) sowie ergänzend zu den Strukturverträgen gem. § 73a SGB V, den Versorgungsverträgen gem. §§ 109 ff. SGB V und den Verträgen zu integrierten Versorgungsformen nach § 140b SGB V auf spezifizierte Steuerungsformen des Vertragswettbewerbs im Gesundheitssystem. Der Gesetzgeber verfolgt mit ihrer Anwendung das Ziel, Qualitäts- und Wirtschaftlichkeitspotentiale im Wettbewerb zu heben, indem Versorgungsinnovationen und selektives Kontrahieren gefördert werden. Ein wesentlicher Aspekt dabei ist, dass – wie z. B. nach §§ 73b und c SGB V – die Kassen die Sicherstellung der ambulanten ärztlichen Versorgung durch Abschluss von Einzelverträgen mit Leistungserbringern und anderen Akteuren anbieten dürfen.

2. Systemische Auswirkungen auf die Gesundheitsversorgung

Die angedeuteten gesetzlichen Entwicklungslinien der künftigen vertraglichen Konkretisierung von Ansprüchen der Versicherten auf Gesundheitsversorgung und vertragsärztlicher Leistungserbringung verändern zunächst die *beruflichen Rahmenbedingungen* für das Versorgungsgeschehen; sie weisen den Weg vom

---

S. 59 ff.; *Pitschas*, Verfassungsrechtliche Grundlagen und Grenzen der vertraglichen Konkretisierung von Rechtsnormen im Sozialrecht, in: Ders. (Hrsg.), Die Gesundheitsreform 2007 als Herausforderung an Beruf und Status der Vertragsärzte, 2010, S. 223 ff.; vgl. ferner die Beiträge in Ebsen (Hrsg.), Vergaberecht und Vertragswettbewerb in der Gesetzlichen Krankenversicherung, Frankfurt a. M. 2009.

28 *Pitschas*, Sozialrechtliche Regulierung des privatrechtlichen Versicherungswesens. Das Beispiel des „Basistarifs“ in der privaten Krankenversicherung, in: FS R. Stober, Köln 2008, S. 295 (301 ff.).

29 *Becker*, Wettbewerb zwischen den öffentlichen Versicherungen in der gesetzlichen Krankenversicherung, in: Igl (Hrsg.), Das Gesundheitswesen in der Wettbewerbsordnung, 2000, S. 53 ff.

Status der ärztlichen Leistungserbringer als Inhaber eines freien Berufs zum Vertrags-Dienstleister („Status-Passage").[30] Der Gesetzgeber restrukturiert dadurch das überkommene Berufsbild des freiberuflich tätigen Arztes.[31] Dieser erweist sich als zukünftig abhängiger „Vertrags"-Arzt. Dessen Rechtsstellung kennzeichnet dann der Übergang vom „Freien Beruf" zum *ärztlichen Vertragsmanager*, d. h. von ehedem gesetzlich auf einen professionellen Status gegründeten Rechten und Pflichten, die dem Versicherten einen detaillierten Anspruch auf Leistungserbringung vermittelt haben, auf *vertragliches Zusammenwirken* mit den Krankenkassen. In diesem erst wird fixiert, was die Vertragspartner als richtig akzeptiert haben und ihren Interessen gemäß festsetzen. Die Versicherten (Patienten) büßen allerdings dadurch einen Teil ihrer Wahlfreiheit ein, soweit sie sich in dieses Vertragsmanagement einbinden.[32] Ihr leistungsbezogener Rechtsstatus wird beschränkt.

Dahinter steht ein allgemeiner Grundsatz der Modernisierung der sozialen Sicherungssysteme. Er spiegelt sich im Rückgriff auf Verträge oder vertragsähnliche Gebilde ebenso in § 15 SGB II mit der „Eingliederungsvereinbarung" wie in § 12 SGB XII bei der „Leistungsabsprache" im Rahmen der Existenzsicherung durch Sozialhilfe, aber auch im Verfahrensrecht (SGB X) wider.[33]

3. Parallelisierung vertragsgestützter Versorgungskonzepte

a) Kollektivvertragssystem und Einzelverträge

Die mit den Regelungen über den Abschluss von Selektiv- bzw. Einzelverträgen beispielsweise in §§ 73b, 73c und 140a, b SGB V geschaffenen Möglichkeiten der patientenzentrierten Versorgung differenzieren ihrerseits das Vertragsrecht in der GKV hinsichtlich des Leistungsumfangs, der Vergütungen und auch der Qualitätssicherung aus. Sie bieten aber nicht nur ein neues vertragsgestütztes Versorgungskonzept an, sondern sie stellen durch dieses *Sondervertragsrecht der ärztlichen Versorgung* bei gleichzeitiger Abänderung des Sicherstellungsauftrags deren Architektur auf ein neues Fundament: Dem Kollektivvertragssystem in der GKV wird ein Selektivvertragssystem an die Seite gestellt. Es kommt dadurch zu einem konkurrierenden Gegeneinander der Kassen bzw. der Verbän-

---

30 *Steiner*, Zur Lage des Arztes als freiem Beruf, in: FS E. Deutsch zum 80. Geb., Berlin u. a. 2009, S. 635 (639 ff.).

31 Hierzu näher *Pitschas*, Recht der Freien Berufe, in: R. Schmidt (Hrsg.), Öffentliches Wirtschaftsrecht, Bd. 2, Berlin u. a. 1966, § 9, Rn. 8, 17 ff., 30, 68 ff., 72 f.; *ders.*, FS Kh. Boujong, München 1996, S. 613 ff.; *Sodan*, Freie Berufe als Leistungserbringer im Recht der gesetzlichen Krankenversicherung, Tübingen 1997, bes. S. 305 ff.

32 In diesem Sinne zu § 73b Abs. 2 SGB V auch *Engelmann* (Fn. 12), Rn. 16; vgl. ferner *Huster* (Fn. 5), Rn. 4 ff.

33 Vgl. *Ebsen* (Fn. 27), S. 738 ff.

de und anderer kollektiver Akteure einerseits mit den Kassenärztlichen Vereinigungen (KV'en) andererseits, wodurch deren „Systemrelevanz" bedroht wird.[34]

Im Gesundheitswesen steht für diesen *Systemwandel* auch die Rahmenregelung des Gesetzgebers in § 73b Abs. 1 SGB V, wonach die Krankenkassen ihren Versicherten eine besondere hausärztliche Versorgung durch Abschluss von spezifischen Verträgen anzubieten haben. Ein Anspruch auf Vertragsschluss besteht aber nicht. Gegenstand solcher *Selektivverträge* sind hausärztliche Versorgungsaufträge, die idealiter und versichertenbezogen über die vom Gemeinsamen Bundesausschuss sowie in den Bundesmantelverträgen – also im Kollektivvertragssystem – geregelten Anforderungen an die hausärztliche Versorgung nach § 73 SGB V hinausgehen.[35] Sie setzen die Fähigkeit voraus, mit entsprechenden Leistungsanbietern zu bedarfsgerechten Versorgungslösungen zu kommen.

Dem System der *Kollektivverträge* erwächst mit der durch das GKV-WSG herbeigeführten Ausweitung der Förderung von Selektivverträgen erstmals ernsthafte Konkurrenz. So müssen künftig Krankenkassen ihren Versicherten Wahltarife für die integrierte Versorgung (§ 140a SGB V), Disease-Mangementprogramme (§ 137 f.) und eine hausarztzentrierte Versorgung (§ 73b) bzw. besondere ambulante ärztliche Versorgung (§ 73c) jenseits der Kassenärztlichen Vereinigungen (KV'en) anbieten. Zudem können Kassen nach § 63 SGB V Modellvorhaben zur Verbesserung der Qualität und Wirtschaftlichkeit der Versorgung mit den Leistungserbringern unmittelbar vereinbaren. Diese „neue Vertragswelt" bezieht sich allein auf das Verhältnis einzelner gesetzlicher Krankenkassen zu den Leistungserbringern, aber nicht auf das direkte Arzt-Patienten-Verhältnis.

b) Ausweitung des Kollektivvertragssystems in den Bereich der privaten Krankenversicherung

Neben dem favorisierten Abschluss von Einzel- bzw. Strukturverträgen, in denen die nach dem Gesetz zu erbringenden ärztlichen Leistungen konkretisiert werden, steht – etwas widersprüchlich – die Ausweitung des Kollektivvertragssystems in den Bereich der privaten Krankenversicherung (PKV) gem. § 75 Abs. 3b SGB V. Mit dieser Regelung knüpft der Gesetzgeber an die Einführung einer Versicherungspflicht für alle Arbeitnehmer durch das GKV-WSG sowie an die Verankerung eines „Basistarifs" in der PKV an: Das Wettbewerbsstärkungsgesetz führt gem. § 315 SGB V eine Versicherungspflicht für alle Personen ohne Versicherungsschutz in der GKV ein und es verbindet damit die Möglichkeit, auch den Beitritt zur PKV zu wählen.[36] Diese wird zugleich dazu ver-

34 Dazu näher noch unten zu A. II.; s. ferner *Kingreen/Temizel* (Fn. 12), 140 f.

35 Vgl. nur *Engelmann* (Fn. 23), Rn. 13; anders noch und m. E. zutreffend KassKomm/*Hess* (Fn. 17), Rn. 8 mit Hinweis auf die erforderliche Gleichbehandlung der Versicherten (Art. 3 GG).

36 Dazu im Einzelnen Becker/Kingreen/*Rixen* (Fn. 5), Rn. 9 ff.

pflichtet, für alle Nichtversicherten seit dem 1. Januar 2009 einen sog. „Basistarif" anzubieten (§ 257 Abs. 2a SGB V i. Verb. mit § 12 Abs. 1a VAG). Insofern hat der Gesetzgeber einen Kontrahierungszwang angeordnet. Das BVerfG hat diese Regelungsgesamtheit für verfassungsgemäß gehalten.[37]

Die aus alledem resultierenden Konsequenzen sind für die PKV und deren Versicherte einerseits, für die Ärzteschaft andererseits erheblich; sie haben einschneidende Belastungen der Wettbewerbs- und individuellen Versicherungsfreiheit zur Folge. Gleichwohl zeigt die vorgenannte verfassungsgerichtliche Entscheidung, dass die vom Gesetzgeber gewählten Pfeiler des Vertragskonzepts für die ärztliche Versorgung durch Einzel- *und* Kollektivverträge auf einem verfassungsrechtlich sicheren Fundament ruhen.[38]

II. Dimensionen der neuen Architektur des Vertragsarztrechts

1. Kontinuität vertraglicher Konkretisierung der Gesundheitsversorgung

Der Einsatz von (Kollektiv- und Einzel-)Verträgen im Gesundheits- und Sozialrecht zur *wettbewerblichen Konkretisierung* gesetzlich begründeter Leistungspflichten steht, worauf schon hingewiesen wurde, in einer gewissen Tradition. Vo daher weist auch die prozesshaft verlaufende „Modernisierungsgesetzgebung" im Gesundheitswesen eine erkennbare Kontinuität auf. Schon das Verwaltungsverfahrensrecht und ihm entsprechend das SGB X haben im Übrigen den *öffentlich-rechtlichen Vertrag* als zweite wichtige Handlungsform neben dem Verwaltungsakt („Bescheid") gesetzlich geregelt. Damit sprach sich der Gesetzgeber für deren grundsätzliche Zulässigkeit aus, auch soweit es sich um Verträge im Über- und Unterordnungsverhältnis von Behörden (gesetzlichen Krankenkassen) zu Leistungserbringern bzw. Leistungsempfängern handelt.[39]

Dahinter steht der Gedanke, dass der moderne Sozialstaat auf dezentral verantwortliches Handeln und die für die Betätigung von Eigenverantwortung erforderliche Autonomie von Kostenträgern wie den gesetzlichen Kassen und von Einzelnen, z. B. des einzelnen Leistungserbringers angewiesen ist. Denn das Instrument des öffentlich-rechtlichen Vertrags vermag nicht nur atypische Fälle eher zu erfassen als hoheitliche Entscheidungen durch den Verwaltungsakt, der im Regelfall minutiösen Rechtsmaßgaben unterliegt und eben keine flexible Leistungserbringung ermöglicht. Daher gewährleistet vor allem der *Vertrag* dezentrale Verantwortung im Wettbewerb und individuelle Spielräume der Akteure zugunsten der Versicherten. Allerdings kam bisher in Gesetzgebung und

---

37 A. a. O. (Fn. 25).

38 Der Standardtarif für Personen ohne Versicherungsschutz ist dem Versicherungsmodell der GKV angeglichen, doch beruht seine Anwendung auf *(Einzel-)Verträgen* nach §§ 315 Abs. 1 SGB V, 12 Abs. 1a VVG, vgl. *Rixen* (Fn. 36), Rn. 9.

39 *Engelmann*, in: v. Wulffen (Hrsg.), SGB X, § 53, Rn. 2.

Rechtspraxis dem *öffentlich-rechtlichen Einzelvertrag* im Gesundheits- und Sozialrecht trotz dessen weitgehender Ausgestaltung als Leistungs- und Leistungserbringungsrecht keine wesentliche Bedeutung zu.[40]

2. „Neue" Reichweite vertraglicher Normkonkretisierung

Dem setzt die Entwicklung des auf Einzel- bzw. auf Selektivverträge gestützten Versorgungskonzeptes im Krankenversicherungsrecht nunmehr ein Ende. Die damit verbundene Dezentralisierung von Versorgungs- und Sicherstellungsaufgaben erfordert Kooperationen in *öffentlich-privater Verantwortungs- und Innovationspartnerschaft* zum Wohle der Versicherten. Die vom Gesetzgeber ausgewählten Bereiche der Einzelverträge[41] ermöglichen die dafür erforderliche Funktionszuweisung eines dezentralisierten Wettbewerbs um Versorgungsangebote und -effizienz, Preise und Vergütung sowie um Qualität. Auch die Regelungen des § 73b SGB V erscheinen insoweit konsequent: Sie folgen der inneren Logik des dezentralen Vertragskonzepts.

Im Übrigen aber bleibt die Differenz zu den *kollektivrechtlichen Verträgen*, die vor allem im Kassenarzt- bzw. Vertragsarztrecht, des weiteren aber auch und z. B. im Krankenhausrecht und im Recht der sozialen Pflegeversicherung ihre Heimstatt finden, zu beachten. Der Gesetzgeber hat in den vorgenannten Sektoren den Abschluss solcher Verträge in einer Vielzahl von Fällen zwischen Sozialleistungsträgern sowie zwischen diesen und Leistungserbringern ausdrücklich vorgeschrieben (z. B. §§ 72 Abs. 2, 73a, 82 u. a. m. SGB V). Doch sind vertragsgestützte Versorgungskonzepte darin nicht einbezogen worden. Die Vertragspartner werden zu überlegen haben, ob darin nicht eine rechtlich zulässige Option liegt.

Bei vielen dieser Verträge handelt es sich überdies um sog. *Normsetzungsverträge*, durch die nicht nur die Rechte und Pflichten der jeweiligen Vertragspartner, sondern – aufgrund gesetzlicher Ermächtigung – auch und vor allem Rechte und Pflichten Dritter geregelt werden, die nicht an dem Zustandekommen des Vertrags beteiligt waren. Mit diesen Verträgen wird bindendes Recht gesetzt.[42] Zu ihnen zählen auch und vor allem die Gesamtverträge auf Bundes- und Landesebene, in denen die Kassenärztliche Bundesvereinigung (KBV) und die KV'en mit den bisherigen Spitzenverbänden der Krankenkassen bzw. auf Landesebene den Inhalt der Rechtsnormen im Krankenversicherungsrecht vertraglich konkretisieren (§§ 82, 87, 87d SGB V). Eine solche Befugnis kommt den privaten Vertragspartnern im Rahmen des Sondervertragsrechts nicht zu.

---

40 *Engelmann* (Fn. 39), Rn. 3.

41 Dazu näher schon oben im Text um und zu Anm. 29.

42 *Engelmann* (Fn. 39), Rn. 4a ff.

Mit dem GKV-Modernisierungsgesetz von 2004 und der darin angelegten finanziellen Förderung neuer Versorgungsformen wurde dieser Trend verstärkt.[43] Er bekam allerdings im Rahmen der Gesundheitsreform 2007 insofern einen neuen Akzent, als diese mit der von ihr ausgehenden Ermöglichung von Selektivverträgen dem voraufgehend skizzierten System der Kollektivverträge ein ganzes *Feld von Sonderverträgen* und insgesamt ein neues Vertragskonzept entgegensetzte.

3. Strukturparallelität selektiv- und kollektivvertraglicher Handlungsoptionen gem. § 73b SGB V

Die Neuordnung der vertragsärztlichen Versorgungsstrukturen durch eine „zweite Generation" des Vertragswettbewerbs hat vor allem Auswirkungen auf das bisherige System der sog. Regelversorgung auf der Grundlage kollektivvertraglicher Abreden. Das Gefüge der bisherigen Vertragspartner und ihre Funktionszuweisungen, z. B. bei der Honorarverteilung oder auch der Qualitätssicherung, wird zugunsten einer neuen, „doppelspurigen" Vertragsarchitektur aufgebrochen.

Folgewirkungen zeitigt dieser Schritt des Gesetzgebers, wie am Beispiel des § 73b SGB V deutlich wird[44], in erster Linie hinsichtlich der „Vertragskompetenz" der KV'en einerseits, für den im Rahmen der sog. Gesundheitsgovernance gegebenen Sonderstatus der KV'en im Gemeinsamen Bundesausschuss andererseits.[45] Die auf dieser Rechtsgrundlage bereits abgeschlossenen Hausarztverträge drohen darüber hinaus das kollektivvertragliche System zu zerstören; sie gefährden zugleich – wie noch näher darzulegen sein wird – die Sicherstellung der Versorgung von Patienten. Daneben existieren weitere institutionelle Auswirkungen der nunmehr vorfindlichen Parallelstruktur kollektivvertraglicher Sicherstellungsorganisation und selektivvertraglicher Partikularversorgungen.[46]

Aus einer anderen Perspektive gesehen, eröffnet der Gesetzgeber den ärztlichen Leistungserbringern und ihren Verbänden aber auch und gleichzeitig den Versicherten die *Chance*, durch die Nutzung der neuen Vertragsmöglichkeiten aus dem Schatten der KV'en zu treten und sich jenseits des Kollektivvertragssys-

---

43 *Ebsen*, Vertragsbeziehungen (Fn. 27), 59 ff.; im Mittelpunkt standen die Verträge zur integrierten Versorgung, vgl. § 140a Abs. 1 SGB V.

44 Eindrucksvoll hierzu *Orlowski* (Fn. 12), 129 f.

45 Dazu auch der Hinweis bei *Kingreen/Temizel* (Fn. 12), 141, l. Sp.

46 Etwas „blumig" sprechen *Kingreen/Temizel* (Fn. 12), 139 f. vom neuen „Semikorporatismus in der vertragsärztlichen Versorgung"; präziser gesagt, wird die „governance" im Gesundheitssektor – dazu *Pitschas*, Nationale Gesundheitsreform und europäische „Governance" der Gesundheitspolitik, VSSR 2002, 75 (77 f.) – strukturell und mit Folgen für die Legitimität der einbezogenen Körperschaften verändert.

tems eigenständig in den Gesundheitswettbewerb[47] zu begeben. Vor allem die *Verträge zur hausarztzentrierten Versorgung* gem. § 73b SGB V gewinnen angesichts der damit (zunächst) verbundenen Honorarvorteile für den einzelnen Leistungserbringer stark an Bedeutung. Es wäre indes zu kurz gedacht, den Funktionswandel vertraglicher Normkonkretisierung im Vertragsarztrecht auf gestiegene Verdienstchancen zu reduzieren. Vielmehr deutet der Übergang zur hausarztzentrierten Versorgung die Fortsetzung der bereits begonnenen *Strukturreformen* in der Gesundheitsversorgung an.[48] Nach hiesiger Auffassung sind allerdings die aus tatsächlichen und rechtlichen Gründen der Vertragskonzeption innewohnenden Defizite und Problemlagen nicht zu übersehen. Gefährdet ist auf längere Sicht vor allem der Bestand des Kollektivvertragssystems. Dies zeigt sich, wenn man die *Wirkungen* der Parallelisierung von Selektiv- und Kollektivvertragssystem näher analysiert.

---

47 Den erforderlichen Perspektivwechsel zum *Versicherten* betont auch *Wenninghoff* (Fn. 12), 168, 169 mit entsprechenden Beispielen.

48 Siehe auch *Orlowski* (Fn. 12), 124 f., der von der „Verschärfung" der Reformansätze spricht.

B. Auswirkungen der Strukturparallelität von Selektiv- und Kollektivvertragssystem gem. § 73b SGB V

I. Wirkungsebenen: Gesundheitsversorgung – „Solidarischer“ Wettbewerb – Institutioneller Rahmen

Die Auswirkungen der einzel- bzw. selektivvertraglichen Normkonkretisierung zur Förderung des Wettbewerbs im Gesundheitswesen offenbaren sich am Beispiel des § 73b SGB V und näherhin im Blick auf die der „neuen“ Reichweite vertraglicher Normkonkretisierung innewohnenden unterschiedlichen *Wirkungsebenen*. Diese betreffen einerseits den *Wettbewerb* der gesetzlichen Krankenkassen unter Einschluss der Leistungserbringer über Versorgungsangebote und Versorgungseffizienz, der an den Prinzipien des sozialen Ausgleichs und der Solidarität zu orientieren ist („solidarischer“ Wettbewerb). Die Wirkungen der Strukturparallelität erstrecken sich andererseits auf die *Gesundheitsversorgung* als „soziale“ Daseinsvorsorge.[49] Die ihr eingebundenen qualitativen Anforderungen an die GKV, für eine entsprechende Qualitätssicherung der Leistungen und die Verknüpfung mit der Vergütung zu sorgen, dürfen im Rahmen der hausarztzentrierten Versorgung nicht hinter denen an die Regelversorgung auf der Grundlage des SGB V und die damit einhergehenden kollektivvertraglichen Verpflichtungen zurückbleiben. Den Selektivverträgen erfließen schließlich mit deren Einführung als ein strukturierter Modellversuch durch § 73b SGB V weittragende Auswirkungen auf den *institutionellen Rahmen* der Gemeinsamen Selbstverwaltung, der KV-Strukturen und letztlich auf die Entwicklung des ärztlichen „Freien Berufs“.[50]

Auf diesen *Wirkungsebenen* der Strukturparallelität von selektiv- und kollektivvertraglicher Steuerung der Leistungserbringung geht es jeweils um mehr als nur um die Vereinbarung von Honorarzuwächsen über (zusätzliche) Vergütungspauschalen der gesetzlichen Krankenkassen. Auch Verbesserungen des Versorgungsmanagements, um eine gesteigerte Versorgungsqualität bei überdurchschnittlicher Honorierung der Hausärzte erreichen zu können, treffen noch nicht den Kern der durch § 73b SGB V nunmehr ausgebauten selektivvertraglichen ärztlichen Versorgung. Wie der Hinweis auf die KV-Strukturen und auf die freie Beruflichkeit der niedergelassenen Ärzte zeigen will, öffnet die Perspektive über die Eingrenzung des Wirkungskreises der KV'en im Rahmen des Vertragswett-

---

49 Dazu statt anderer *Zacher*, Das soziale Staatsziel, in: Isensee/Kirchhof (Hrsg.), Handbuch des Staatsrechts, 3. Aufl., Bd. II: Verfassungsstaat, 2004, § 2, Rn. 64 ff., 67.

50 In diese Richtung vgl. *Risse*, ZMGR 2009, 169 ff., der beispielhaft zur Übertragung ärztlicher Leistungen auf Pflegeberufe die im „Vertragsmanagement“ der HZV auftretenden Veränderungen der *Berufsprofile* diskutiert.

bewerbs hinaus den Blick auf grundsätzliche Problemstellungen der Verantwortungsverteilung im Gesundheitswesen für die Gesundheitsvorsorge von Versicherten und Patienten.[51]

1. Gesundheitsversorgung als soziale Daseinsvorsorge

Die gesetzliche Krankenversicherung hat als Solidargemeinschaft die Aufgabe, die Gesundheit der Versicherten zu erhalten, wiederherzustellen oder ihren Gesundheitszustand zu bessern. Entsprechende Versorgungsangebote mit der gebotenen Versorgungseffizienz im Gesundheitswettbewerb zu unterbreiten, ist deshalb der Auftrag der gesetzlichen Krankenkassen. Im Mittelpunkt der dadurch verankerten sozialen Daseinsvorsorge im Gesundheitssektor steht das *(verfassungs-)rechtliche Grundkonzept*, wonach die Versicherten bei Eintritt von Krankheit unabhängig von der Höhe ihrer Beiträge eine bedarfsgerechte medizinische Versorgung erhalten.[52] Rechtlich ist allerdings nicht zu beanstanden, dass die GKV den Versicherten ihre Leistungen nur nach Maßgabe eines allgemeinen Leistungskatalogs (§ 11 SGB V) unter Beachtung des Wirtschaftlichkeitsgebots (§ 12 SGB V) zur Verfügung stellt. Weitere Leistungen (Mehrleistungen) dürfen im Übrigen der Eigenverantwortung des Versicherten zugerechnet werden.[53]

Der Leistungskatalog der GKV darf überdies von finanzwirtschaftlichen Erwägungen mitbestimmt sein. Denn gerade im Gesundheitswesen hat der Kostenaspekt für gesetzgeberische Entscheidungen erhebliches Gewicht. Folgerichtig sind die Krankenkassen jedenfalls nicht von Rechts wegen gehalten, alles das zu leisten, was an Mitteln zur Erhaltung und Wiederherstellung der Gesundheit verfügbar ist. Dementsprechend und nach wie vor ist der *Nutzen* der zu erbringenden Leistungen aus Sicht der Versicherten das entscheidende Kriterium.[54]

An dieses Grundkonzept bleibt auch die hausarztzentrierte Versorgung kraft ihrer Einbindung in das SGB V „angeseilt". Es bildet ihren gesetzlichen Handlungsrahmen. Demgegenüber drohen die selektivvertraglich vereinbarten Versorgungsstrukturen die herkömmlichen Maßgaben des Gesetzgebers zur Sicherstellung und Bedarfsplanung sowie zur Kontrolle der Wirtschaftlichkeit, aber auch die Maßstäbe der Honorierung zu unterlaufen, wie an der Unmöglichkeit zukunftsgerichteter Bedarfplanung unter Einbezug der hausarztzentrierten Versorgung oder auch im Hinblick auf die Vergütungsbereinigung unschwer zu erkennen ist.[55] Gleiches gilt für die Frage der Vergütung angesichts der nunmehr existierenden „Zweispurigkeit" der vertragsärztlichen Versorgung.[56]

---

51 *Schütz* (Fn. 12), 160 f., 164 f.
52 BVerfGE 115, 25 (44 ff.).
53 BVerfGE 115, 25 (45).
54 BSG NZS 2009, 624 (626).
55 Vgl. *Walter* (Fn. 4), 309, l. Sp.
56 *Schirmer* (Fn. 12), 148; *Walter* (Fn. 4), 309, l. Sp.

Darüber hinausgehend muss der Gesetzgeber erst noch selbst klären, wie – ganz i. S. der sozialen Daseinsvorsorge – die hausarztzentrierte Versorgung vertraglich im Detail zu gestalten ist und wie deren Verhältnis zur (allgemeinen hausärztlichen) Regelversorgung im Rahmen der „Doppelspur" künftig angelegt sein soll. Diese Aufgabe ist „wesentlich"; sie darf aus Gründen der Folgewirkungen für die Berufsfreiheit der ärztlichen Leistungserbringer und angesichts des grundrechtlich durch Art. 2 Abs. 1 sowie Abs. 2 GG geschützten Leistungsanspruchs der Versicherten gegenüber Versorgungsträgern und Leistungserbringern nicht – wie z. B. bei der Bereinigung der Vergütungen dem Erweiterten Bewertungsausschuss – auf einen Dritten in Gestalt der „Schiedsperson" gem. § 73b Abs. 4a S. 1 und 2 SGB V übertragen werden. Was ferner die ärztliche Versorgungskooperation im Bedarfsfall anbelangt, also z. B. die aus der Regelversorgung im Bedarfs- bzw. Notfall auf die hausarztzentrierte Versorgung übergreifende ärztliche Leistung, genügen auch Regelungen wie § 20 Abs. 1 Ärzte-ZV mit ihrer Formulierung ärztlicher Verpflichtung zur Hilfestellung – „ein Arzt steht auch dann für die Versorgung der Versicherten in erforderlichem Maße zur Verfügung, wenn er neben seiner vertragsärztlichen Tätigkeit im Rahmen eines Vertrages nach den §§ 73b, 73c oder 140b des Fünften Buches Sozialgesetzbuch tätig wird" – nicht.[57] Und es bleibt die Frage, ob bei der Versorgung nach § 73b SGB V deren Qualitätssicherung tatsächlich nachhaltig bewirkt wird.

Von eminenter Bedeutung ist jedenfalls die *Sicherstellung der ärztlichen Versorgung*, etwa durch Not- bzw. Bereitschaftsdienste. Zwar verweist der Gesetzgeber in § 73b Abs. 4 S. 7 darauf, dass die Krankenkassen den der hausarztzentrierten Versorgung zuzurechnenden Notdienst „gegen Aufwendungsersatz, der pauschalisiert werden kann", über die Kassenärztlichen Vereinigungen sicherstellen lassen könnten. Doch muss dafür auf bereits vorhandene Strukturen der KV zurückgegriffen werden. Diese vorzuhalten, ist mit einem nicht unerheblichen Verwaltungsaufwand verbunden, den man schwerlich „kostenneutral" in Anspruch nehmen dürfte.[58] Überdies schränkt der Gesetzgeber selbst in § 73b Abs. 4 S. 6 SGB V den Sicherstellungsauftrag der KV'en nach § 75 Abs. 1 SGB V ein, soweit die hausärztliche Versorgung der Versicherten durch Verträge nach § 73b Abs. 4 SGB V durchgeführt wird. Die Einschränkung des Sicherstellungsauftrags auf diese Weise mit dessen Inanspruchnahme zu verbinden: das ist für den Gesetzesvollzug offenkundig widersprüchlich. Entweder die KV wird noch gebraucht oder sie wird es eben nicht! Verfassungsrechtliche Folgewirkungen dieser Regelungstechnik sind abzusehen. Sie werden weiter unten noch erläutert.

57 Ebenso *Walter* (Fn. 4), 312 f.

58 Siehe die Hinweise darauf bei *Schirmer* (Fn. 12), 151 („Finanzierungsfolgen"); *Walter* (Fn. 4), 312, r. Sp., 313, l. Sp.

Die Einführung von Vertragswettbewerb in der ambulante Versorgung erfordert von den Leistungsanbietern, Dienstleistern, Händlern und Herstellern ganz allgemein die aktive Auseinandersetzung mit den Krankenkassen, um den ersten (und zweiten) Gesundheitsmarkt im Sinne der notwendigen Basis- und individuellen Zusatzversorgung zu strukturieren sowie die entsprechenden Marktpotentiale auszuschöpfen. Ein erstes Ergebnis dessen offenbart die Veränderung der Ausgabenstruktur in der GKV: Die gesetzlichen Kassen geben derzeit etwa 7-8 % ihrer Leistungs- und Verwaltungsausgaben für eigene, kassen-individuell ausgehandelte Verträge aus.[59] Die Versicherten nehmen indes aufgrund der fehlenden stringenten Kommunikation diese Entwicklung kaum wahr. Sie orientieren sich vielmehr an dem „austauschbaren Einheitsangebot“ der Krankenkassen (GKV-Leistungskatalog), das auf den Kollektivverträgen beruht und ausschließlich über Verbandsstrukturen abgewickelt wird. Überhaupt fehlt den Versicherten, die mehr noch für Gesundheit ausgeben als die gesetzlichen Krankenkassen, weitgehend die erforderliche Transparenz der Angebote von Krankenversicherern und Leistungserbringern. Die daraus und aus Beitragssatzunterschieden folgenden „Anker“ für versichertenseitige Auswahlentscheidungen fehlen nicht zuletzt deshalb.

Schon von daher begegnet unter Wettbewerbsaspekten der strukturorientierte Modellversuch mit Verträgen über die hausarztzentrierte Versorgung nach § 73b SGB V beträchtlichen Zweifeln. Er trägt zudem wegen seines zunächst und faktisch monopolartigen, dann aber oligopolistischen Ansatzes in der Versorgungsrealität zu erheblichen ökonomischen Fehlanreizen bei: Gefördert werden Vertragsabschlüsse von „Gemeinschaften“ mit Blick auf wirtschaftlich attraktive Risiken und in wirtschaftlich attraktiven Regionen. Versorgungsengpässe in der Fläche werden dagegen verschärft. Die wichtige und rechtlich zulässige Öffnung der Verträge gem. § 73b SGB V gegenüber der besonderen ambulanten ärztlichen Versorgung („Fachärzte“) nach § 73c SGB V *unter Einbezug* der KV'en (§ 73c Abs. 3 Nr. 4 SGB V) wird überdies kaum genutzt.[60]

Eingedenk dessen führen die durch § 73b SGB V bewirkten Veränderungen in der „Vertragslandschaft“ nur zu diffusen bzw. vorerst noch intransparenten Funktionsgewinnen wettbewerblicher Steuerung des Versorgungsgeschehens über Selektivverträge unter Einschränkung kollektivvertraglichen Handelns. Nicht mehr ausschließlich in kollektiver Form, sondern unter Nutzung privatautonomer Vertragsabschlusskompetenz können der einzelne ärztliche Leistungserbringer oder mehrere von ihnen, aber auch institutionalisierte „Gemeinschaf-

59 *Dostal* (Fn. 13), Konzept, S. 2.

60 *J. Becker*, Neuer Spin für Selektivverträge, in: Gesundheit und Gesellschaft, 12. Jg., Ausgabe 12/09, S. 16; § 73b SGB V ist im Übrigen lex specialis gegenüber § 73c SGB V.

ten“[61] bis hin zu Trägern von Einrichtungen Versorgungsverträge mit einer gesetzlichen Krankenkasse örtlich oder regional nach Maßgabe von Sonderinteressen bei der Versorgung abschließen. Der individuelle bzw. gruppenbezogene Vertragswettbewerb wird dadurch entscheidend ausgeweitet – auch wenn sich die damit verbundene Einschränkung kollektivvertraglicher Regelungen nach dem Willen des Gesetzgebers zunächst lediglich als eine *Ergänzung* der herkömmlichen Konkretisierung des Leistungsgeschehens im Gesundheitssektor darstellen soll.[62]

Auf der anderen Seite kommt es im Wirkbereich des *Kollektivvertragssystems* zu einem Steuerungsverlust der bisherigen Normsetzungsverträge. In dem Maße, in dem vor allem die Einzelverträge zur hausarztzentrierten Versorgung an Bedeutung gewinnen, werden sie die Politikoptionen der Gemeinsamen Selbstverwaltung verringern, ferner relativ große Finanzmittel aus der Regelversorgung binden, zur Implantation des Einzelwettbewerbs in das Kollektivvertragssystem zwingen und insgesamt einen Paradigmawandel im Gesundheitssystem herbeiführen.[63] Der Gesetzgeber hat dies auch gewollt.

Allerdings und umgekehrt liegen in der dadurch gleichzeitig herbeigeführten Flexibilisierung der Versicherungsangebote für alle Vertragspartner neue Chancen der Steuerung zur Optimierung der Gesundheitsversorgung. Dies gilt zumal für Versicherte bzw. Patienten mit Blick auf die *Regionalisierung* des Versorgungsgeschehens: Krankenkassen haben nunmehr die Möglichkeit, über selektive Vertragsgestaltungen mit Ärzten ihren Versicherten „vor Ort“ besondere und innovative Versorgungsformen anzubieten. Die KV'en können daran unter besonderen Umständen (§ 73b Abs. 4 S. 3 Nr. 4, § 73c Abs. 3 Nr. 4 SGB V) beteiligt sein. Der Gesetzgeber misst nicht zuletzt deshalb und wegen der *Innovationsfunktion des Vertragswettbewerbs* dem – derzeit noch ungeordneten – Zusammenspiel von Kollektiv- und Einzelverträgen eine breitenwirksame und sachbezogene Wirkung zu. Versorgungspolitisch ist dies auch für das Angebot der „besonderen hausärztlichen Versorgung“ der Fall, die nunmehr mit der Neufassung des § 73b SGB V durch das GKV-OrgWG gesetzlich forciert wird.

3. Institutioneller Rahmen der vertragsärztlichen Versorgung

Die vertragsärztliche Versorgung ist nach § 72 Abs. 2 SGB V im Rahmen der gesetzlichen Vorschriften und der Richtlinien des Gemeinsamen Bundesausschusses durch schriftliche Verträge der Kassenärztlichen Vereinigungen mit

---

61 Zu diesem unklaren Begriff ihrerseits wenig erhellend *Kingreen/Temizel* (Fn. 12), 136 m. Anm. 12; *Walter* (Fn. 4), 309 f., die von „Organisationsgemeinschaften“ spricht (S. 309, r. Sp.), also etwa auch Ärztenetze meint (Fn. 36).

62 Vgl. § 73b Abs. 4 S. 6 und 7 SGB V; s. aber auch den Hinweis in Fn. 45 bei *Walter* (Fn. 12), 312.

63 *Kingreen/Temizel* (Fn. 12), 135 f., 139 ff.

den Verbänden der Krankenkassen zu regeln. Dadurch soll eine ausreichende, zweckmäßige und wirtschaftliche Versorgung der Versicherten unter Berücksichtigung des allgemein anerkannten Standes der medizinischen Erkenntnisse gewährleistet werden. Die ärztlichen Leistungen sind angemessen zu vergüten.[64] Ebenfalls sind es die KV'en, die gem. § 75 SGB V zusammen mit den Kassenärztlichen Bundesvereinigungen die vertragsärztliche Versorgung in dem in § 73 Abs. 2 SGB V bezeichneten Umfang sicherzustellen und den Krankenkassen und ihren Verbänden gegenüber die Gewähr dafür zu übernehmen haben, dass die vertragsärztliche Versorgung den gesetzlichen und vertraglichen Erfordernissen entspricht. Daneben haben sie die Rechte der Vertragsärzte gegenüber den Krankenkassen wahrzunehmen.

Aus diesen und weiteren gesetzlichen Festlegungen erschließen sich die Gewährleistungs-, Koordinations- und Honorarverteilungsfunktionen sowie die weiteren Leistungen der KV'en für die vertragsärztliche Versorgung. Als Teil des institutionellen Rahmens hierfür sind auch sie von Gesetzeswegen (partiell) in den Vertragswettbewerb im Gesundheitswesen eingebunden (vgl. nur §§ 63 Abs. 6, 73b Abs. 4 S. 3 Nr. 4, 73c Abs. 3 Nr. 4, 137f Abs. 2 S. 5 SGB V).[65]

II. Rechtstatsächliche Probleme selektivvertraglicher Gesundheitssicherung als Ergebnis einer Wirkungsanalyse

Die voraufgegangene Zuordnung der Auswirkungen gesetzgeberisch angeordneter Strukturparallelität von Selektiv- und Kollektivvertragssystem im SGB V zu spezifischen Problemfeldern vermag einerseits den Blick auf die Anwendungsschwierigkeiten des § 73b SGB V im Rahmen des „einfachen" Rechts zu lenken. Dadurch können rechtstatsächliche Defizite der gesetzlichen Vertragskonzeption offengelegt werden. Zugleich und andererseits erweist die nachfolgende Wirkungsanalyse – wie unter Bezug auf die herausgearbeiteten Wirkungsebenen des gelenkten Vertragswettbewerbs in der hausarztzentrierten Versorgung zu zeigen sein wird – die Fehleranfälligkeit der Normanwendung durch die Akteure.

Die selektivvertragliche Normkonkretisierung ist deshalb auch nicht so unproblematisch, wie sie in der Literatur dargestellt wird.[66] Zwar spricht vieles dafür, dass unmittelbares vertragliches Zusammenwirken für das ausbedungene Ergebnis einer optimalen hausärztlicher Versorgung eher aktive Unterstützung auf dem Weg dorthin durch alle Vertragsparteien mobilisieren kann als die ausschließliche Steuerung über die kollektivvertragliche Ebene. Denn der Wettbewerb im Gesundheitswesen hat dem *Patienten* zu dienen; er gilt dessen effizien-

64 § 72 Abs. 2 SGB V; BSGE 86, 126 (142).

65 Vgl. *Huster*, in: Becker/Kingreen (Fn. 5), § 140b, Rn. 3.

66 So vor allem von *Schütz* (Fn. 12), durchgängig; vgl. auch *ders.* (Fn. 11), passim; partiell auch *Engelmann*, a. a. O. (Fn. 12).

ten, qualitativ hochwertigen Versorgung. Dieser mag (in Grenzen) die einzelvertragliche Einwirkung der Krankenkassen auf das Arzt-Patienten-Verhältnis zumal dann eher nützlich sein als die Konkretisierung der Leistungserbringung über eine zwischengeschaltete kollektivvertragliche Ebene, wenn ein spezifisches hausärztliches Versorgungsmanagement zum Vertragsinhalt erhoben wird.[67] Gravierende Problemlagen sind gleichwohl nicht zu verkennen.

Unter Zuordnung zu den Wirkungsebenen der Strukturparallelität von Selektiv- und Kollektivvertragssystem geben sie sich als Zersplitterung der „Vertragslandschaft" und als Gefährdung gleichartiger Gesundheitsversorgung einerseits, in den wettbewerblichen Mängeln der Ausgestaltung selektiver Vertragsbeziehungen andererseits und überdies in den institutionellen Defiziten des gelenkten Vertragswettbewerbs nach § 73b SGB V zu erkennen. Geht man den daraus resultierenden Problemen im Einzelnen nach, so speist sich aus den Erkenntnissen – wie im Folgenden darzulegen sein wird – eine prinzipielle Kritik an der gegenwärtigen gesetzgeberischen Gestaltung der besonderen hausärztlichen Versorgung. Deren *Eignung* steht ebenso unter Zweifeln wie sich durch die in § 73b SGB V dokumentierte organisationspolitische Fehlentscheidung des Gesetzgebers ein *strukturelles Regelungsdefizit* ergibt.

1. Sicherstellungs- und Rechtsanwendungsprobleme in der Gesundheitsversorgung

Der springende Punkt hierbei ist nicht die Zuweisung einer „Lotsenfunktion" an den Hausarzt durch § 73b Abs. 3 SGB V, sondern die Steuerung der Patienten („Patientennavigation") durch die vertragsgelenkte Hausärzteschaft auf der Grundlage des § 73b Abs. 4 SGB V mit Hilfe von „Gemeinschaften", „die mindestens die Hälfte der an der hausärztlichen Versorgung teilnehmenden Allgemeinärzte des Bezirks der Kassenärztlichen Vereinigung vertreten". Der Gesetzgeber hat allerdings die Frage offen gelassen, was mit den *nicht* an dieser Patientennavigation in der hausarztzentrierten Versorgung teilnehmenden Patienten geschieht. Zwar drängt der Vertragswettbewerb nach Einschreibung möglichst vieler Versicherter. Verweigern sich aber diese, so unterfallen sie als Patienten nicht der besonderen ambulanten ärztlichen Versorgung; sie fallen aus dem „Einkaufsmodell" des § 73b Abs. 4 SGB V und den darauf beruhenden Selektivverträgen heraus. Stattdessen sind sie entweder an der hausärztlichen Versorgung nach § 73 Abs. 1 SGB V bei entsprechender Eigenwahl beteiligt oder sie nehmen überhaupt nicht an der sog. hausärztlichen Versorgung teil.

So oder so ist das Ergebnis die *Ungleichmäßigkeit der vertragsärztlichen Versorgung* mit den daraus folgenden Koordinationsproblemen, also eine Gesetzes-

67 Wie z. B. im Vertrag „Mein Arzt" der Signal Iduna IKK nach § 73b SGB V mit fünfzehn Landesverbänden des Dt. Hausärzteverbandes, vgl. Ärzte-Zeitung vom 16.12.2009.

folge, die der Gesetzgeber gerade vermieden wissen wollte. In der Konsequenz dessen treten nachhaltige Spannungslagen in der Sicherstellung der flächendeckenden Versorgung und bei den Möglichkeiten auf, angemessen auf den demografischen Wandel und auf zunehmende chronische Erkrankungen reagieren zu können. Dadurch entsteht eine Situation, die auch (verfassungs-)rechtlich relevant wird – zumal das gesetzliche Vertragskonzept auf Steuerungsleistungen des Kassensystems verweist, die tatsächlich nicht erbracht werden (können).[68]

Für die Versicherten und Patienten als „Kunden" der gesetzlichen Krankenkassen ist das alles schwer verständlich. Die Regelung des § 73b Abs. 4 SGB V ist aber noch aus anderen Gründen rechtlich kaum akzeptabel, wie die nachfolgenden Ausführungen zeigen.

a) Zersplitterung der „Vertragslandschaft" und Asymmetrie der Vertragsbeziehungen

Die zwischen Krankenkassen und Hausärzten im Rahmen der besonderen hausärztlichen Versorgung abgeschlossenen Einzelverträge stören das auf „Vertrauen" gründende *Arzt-Patienten-Verhältnis* empfindlich. Dies gilt vor allem dann, wenn der hausarztzentrierten Versorgung ein besonderes Vertragsmanagement zugrunde gelegt wird. Es lässt die Patienten der Regelversorgung außen vor: Das Vertragskonzept setzt nämlich nicht voraus, dass Kassen oder Leistungserbringer verpflichtet sind, den Vertrag für alle ihre Patienten bzw. Versicherten gleichmäßig und zu den Konditionen der jeweils anderen Vertragsseite zu schließen und zu erfüllen. Daher ist unter den Bedingungen der „selektivvertraglichen Partikularversorgung" (*H. D. Schirmer*) im vertragsärztlichen Sektor für dessen Verhältnis zur GKV einerseits sowie im Arzt-Patienten-Verhältnis andererseits eine gewisse *Asymmetrie der Vertragsbeziehungen* festzustellen. Diese aber ist mit dem im SGB V verankerten Grundsatz der Rechtsanwendungsgleichheit bei den Leistungen der Krankenversicherung nicht zu vereinbaren.[69]

b) Gefährdung gleichartiger Gesundheitsversorgung und rechtswidrige Einschränkung der freien Arztwahl

Der „Einkauf" von Hausärzten im Rahmen der hausarztzentrierten Versorgung durch Selektivverträge gem. § 73b Abs. 4 SGB V unter Vermittlung durch „Gemeinschaften", die „mindestens die Hälfte der an der hausärztlichen Versorgung teilnehmenden Allgemeinärzte des Bezirks der Kassenärztlichen Vereinigung

---

68 So z. B. im Rahmen von Notfall- und Bereitschaftsdiensten oder bei Praxisvertretungen, vgl. *Schirmer* (Fn. 12), 151.

69 Bedenken in dieser Richtung auch bei *Hess*, in: KassKomm (Fn. 17), RdNr. 8; zu einzelnen Kollisionen mit der Regelversorgung siehe ferner *Walter* (Fn. 4), 312 f.

vertreten", führt über die skizzierte Asymmetrie der Vertragsbeziehungen hinaus zu einer eigenständigen *Gefährdung* gleichartiger Leistungen an alle Versicherten im System der gesetzlichen Krankenversicherung, die der Gesetzgeber nicht noch befördern darf. Denn die Versicherten werden im Verhältnis zueinander nicht nur durch die Asymmetrie der Vertragsbeziehungen, sondern auch in Bezug auf die erbrachten Gesundheitsleistungen bis zum Beweis des Gegenteils – und schon dieser ist wegen den gesondert vereinbarten Vertragsmanagements nicht zu erbringen – tatsächlich im ungleichen Leistungsumfang zu ungleichen Leistungsbedingungen versorgt. Anderes gilt nur, wenn im Schiedsverfahren nach § 73b Abs. 4 S. 2 i. V. m. § 73b Abs. 4a SGB V die berufene Schiedsperson (die Frage bleibt: auf der Grundlage welcher Legitimation?) eine vom Gesetzgeber nicht beabsichtigte *Angleichung der Vertragsinhalte* herbeiführen würde.

Nach Lage der Dinge kommt es jedoch eher zu einem Flickenteppich in der Gesundheitsversorgung mit der Folge einer sog. „Zwei-Klassen-Medizin" auf der Grundlage womöglich unterschiedlicher Versorgungsmanagement-Ansätze.

Mit alledem dreht offenkundig eine gegenläufige Entwicklung zur gesetzlichen Zielsetzung der Hausarztversorgung nach §§ 73, 73b SGB V. Denn gerade die hausärztliche Versorgung stellt die flächendeckende und wohnortnahe allgemeine und fortgesetzte ärztliche Betreuung eines Patienten in Diagnostik und Therapie bei Kenntnis seines häuslichen und familiären Umfeldes in den Vordergrund (§ 73 Abs. 1 Nr. 1 SGB V). Demgegenüber werden nunmehr durch das alternative Versorgungssystem nur noch die bei den Vertragspartnern nach § 73b Abs. 4 SGB V eingeschriebenen Versicherten behandelt.

Umgekehrt sieht sich für die *nicht* eingeschriebenen Mitglieder der gesetzlichen Krankenkassen die *freie Hausarzt- und Facharztwahl* eingeschränkt. Diese von Verfassungs wegen gewährleistete „freie Arztwahl" (§ 76 SGB V) zieht der selektivvertraglich begründeten hausarztzentrierten Versorgung in doppelter Weise Grenzen: Einerseits ist ihre zeitweise Einschränkung auf der Grundlage einer zunächst freiwilligen Wahlentscheidung des Versicherten nach § 73b Abs. 3 S. 1 SGB V deshalb bedenklich, weil derjenige Patient durch das Gesetz mit Kostenfolge diskriminiert wird, der einen anderen Hausarzt wünscht oder eine andere ambulante fachärztliche Behandlung seiner Wahl nach seiner ersten Wahlentscheidung anstrebt. Darüber hinaus aber und andererseits ist die Verknüpfung der freien Arztwahl mit der aus der inneren Grundentscheidung des Patienten folgenden Zustimmung oder Ablehnung eines Arztes und sonach mit dem Anspruch aus dem Gesetz auf individuelle Therapie verknüpft; diese Therapiewahl darf weder durch vertragsrechtliche Ausgrenzungen der Krankenkasse des fraglichen Versicherten/Patienten noch durch ihre Konditionierung beeinträchtigt werden.[70]

---

70 *Engelmann* (Fn. 12), Rn. 21 verweist deshalb zu Recht auf die „nachhaltige Störung des Arzt-Patienten-Verhältnisses" als „wichtigen Grund" (§ 73b Abs. 3 S. 3 SGB V) für die

c) Unklarer Leistungsumfang selektivvertraglicher Versorgung und Qualitätsdefizite

Besonders deutlich werden diese Problemlagen der *Versorgungsfreiheit*[71], vergewissert man sich der nahezu unbeschränkten Gestaltungsmacht, die der Gesetzgeber für die Selektivverträge mit den „Gemeinschaften" der Allgemeinärzte nach § 73b Abs. 4 SGB V diesen und den gesetzlichen Krankenkassen zuweist.

Die Vertragspartner scheinen den *Leistungsumfang* der hausarztzentrierten Versorgung, die *Vergütungen* und das *Abrechnungssystem* vollständig autonom regeln zu dürfen („Vollversorgungsvertrag").[72] Explizite, d. h. im Gesetz verankerte Begrenzungen gelten lediglich hinsichtlich der Qualitätsanforderungen an die Versorgung, die in § 73b Abs. 2 SGB V als Mindestvoraussetzungen festgeschrieben werden. Doch soll die hausarztzentrierte Versorgung nach dem Willen des Gesetzgebers über die vom Gemeinsamen Bundesausschuss sowie in den Bundesmantelverträgen geregelten Mindestanforderungen an die hausärztliche Versorgung nach § 73 SGB V noch hinausgehen.[73] Ich meine ferner, dass unter Beachtung der Regelung des Abs. 5 Satz 1, 3 und 4 die Einordnung des § 73b SGB V in den Gesamtzusammenhang der hausärztlichen Allgemeinversorgung darüber hinaus eine implizite *Systembindung* in der Qualitätssicherung belegt.

Deshalb muss sich die besondere hausärztliche Versorgung auch an den für das medizinische Handeln entwickelten evidenzbasierten, praxiserprobten *Leitlinien* orientieren.[74] Im Übrigen aber besteht nach allgemeiner Ansicht inhaltliche Abschlussfreiheit im Sinne der allgemeinen Zielsetzungen des SGB V.

Damit dürfen im Grundsatz auch außervertragliche Leistungen im Rahmen der Selektivverträge vereinbart werden. Dazu könnte z. B. ein spezifisches – von dem in der Regelversorgung abweichenden – Versorgungsmanagement gehören. Dessen Funktion bestände dann darin, eine gegenüber dem Normalfall verbesserte Versorgungsqualität bei überdurchschnittlicher Honorierung der Hausärzte dafür zu erreichen. Ebenso ließen sich beispielsweise Hausarztverträge durch Vereinbarungen über die fachärztliche Versorgung gem. § 73c SGB V ergänzen und somit die Versorgungsqualität ebenso steigern wie gleichzeitig die KV'en „in das Boot holen" (vgl. § 73c Abs. 3 Nr. 4 SGB V).

Rückkehr zur freien Arztwahl; zu den Kosten vgl. ebd., Rn. 22 a. E. Den Zusammenhang zwischen Therapie- und Arztwahl betont bereits *Pitschas*, Neue Versorgungs- und Vergütungsstrukturen in der gesetzlichen Krankenversicherung im Wirkfeld der Gesundheitsverfassung, VSSR 1998, 253 (258).

71 Sie ist ein Bestandteil des Grundrechtsschutzes aus Art. 2 Abs. 1, Abs. 2 S. 1 GG, vgl. BVerfGE 115, 25 (49).

72 Vgl. auch *Engelmann* (Fn. 12), Rn. 12 ff.

73 § 73 Abs. 1 i. V. mit § 73b Abs. 2 S. 1 SGB V.

74 §§ 137, 137a SGB V; richtigerweise hält *Schirmer* das Verhältnis der hausarztzentrierten Versorgung zu diesen Vorschriften für „klärungsbedürftig", a. a. O (Fn. 12), 146, r. Sp.; *Walter* (Fn. 12), 311, l. Sp. sieht „spezifischen Regelungsbedarf".

Fragen nach der Bestandssicherheit solcher und anderer Vertragsabsprachen knüpfen hieran notwendigerweise an[75]; sie sind komplexer Natur. Bereits die Autonomie der Vereinbarungen über den Leistungsumfang der hausartzentrierten Versorgung ist angesichts deren Zusammenhanges mit etwa bestehenden Strukturverträgen (§ 73a SGB V) einerseits oder auch im Hinblick auf die honorarmindernde Wirkung der Selektivverträge für die Gesamtvergütung andererseits in Zweifel zu ziehen.[76] Auch die weitere Frage, wie durch einen inhaltlichen, leistungsbezogenen Flickenteppich einer Vielzahl unterschiedlicher Verträge der verschiedenen Krankenkassen mit verschiedenen Vertragsärzten oder anderen Vertragspartnern (u. a. Managementgesellschaften), für die nota bene auch die Bestimmungen der Bedarfsplanung nicht gelten, noch eine *qualitätsgesicherte* und *flächendeckende Versorgung* sichergestellt werden soll, bleibt bisher unbeantwortet.

Letztlich führen tiefere Überlegungen in diese Richtung zu dem Problem einer institutionellen und dann auch *sektorübergreifenden Qualitätssicherung* in der hausarztzentrierten Versorgung: *Wer* nämlich ist – anders als die KV'en – in der Lage, überlappende Qualitätsmerkmale wie z. B. allgemeine Impfungen, Bereitschaftsdienste, die Versorgung in Alten- und Pflegeheimen oder auch Hausbesuche in breiter Organisation zu veranlassen? Ähnlich stellt sich die Frage für die Verwirklichung der Niederlassungsmöglichkeiten im Rahmen des Vertragsarztänderungsgesetzes oder im Hinblick auf die Förderung des Nachwuchses bzw. organisierter Weiterbildungsverbünde in der Region. In diesem Bezug auf die allgemeine Leistungserbringung verbergen sich immer wieder Qualitätsfragen, die in der Diskussion um transsektorale Ansätze erst recht den Sicherstellungsauftrag der KV'en prägen.

d) Bereinigung der KV-Gesamtvergütung bei fehlendem Nachweis des tatsächlichen Behandlungsaufwandes

Ersichtlich fehlt somit ein gesetzlicher Ordnungsrahmen, in den die allfälligen Antworten auf diese Zweifelsfragen des Leistungsumfangs und der Qualitätssicherung einzubetten wären.[77] Gleiches gilt denn auch für die *Gesamtvergütung*. Auch diese gehört mit samt ihrem *Abrechnungssystem* zu dem gegenwärtig existenten Kanon streitiger Fragen. Zur Diskussion steht vor allem – aber nicht nur – die nach § 73b Abs. 7 SGB V aufgegebene Bereinigung der KV-Gesamtvergütung im Widerspiel mit den Selektivverträgen.[78]

---

75 Vgl. *Walter* (Fn. 4), 309, l. Sp.

76 *Walter* (Fn. 4), 311 f.

77 So auch *Walter* (Fn. 4), 309, l. Sp., die ein „pauschales Konzept"(!) des Gesetzgebers „nachzuliefern" verlangt.

78 *Schirmer* (Fn. 12), 151 f.; *F. Staeck*, Südwest-KV hofft auf klare Vorgaben im Streit um die Vergütungsbereinigung, Ärzte-Zeitung v. 16.12.2009; vgl. ferner die Entscheidungen

Das bisherige Bereinigungsverfahren hat jedenfalls zu Unmut bei den Hausärzten geführt; sie beklagen die aus ihrer Sicht zu starke Kürzung der arzt- und praxisbezogenen Regelleistungsvolumen (RLV) für den Fall, dass sie an den Selektivverträgen teilnehmen. Strittig ist vor allem, wie im Rahmen der Gesamtvergütung die Honorarbereinigung vorzunehmen wäre. Der hierzu vorliegende „Eckpunktebeschluss" des Erweiterten Bewertungsausschusses (EBA)[79] legt dazu einstweilen fest, dass der RLV-Fallwert für alle Hausärzte im Versorgungsbereich in Folge der Bereinigung unabhängig von ihrer Teilnahme an Selektivverträgen um maximal 2,5 % sinken oder steigen soll.

Allerdings löst diese Vorgabe den aktuellen Verteilungskonflikt noch nicht – ganz abgesehen von der Frage, ob der EBA zur Bewältigung dieses Verteilungskonflikts überhaupt berufen ist und die von ihm gewählte Lösung festsetzen durfte. Denn die hausarztzentrierte Versorgung ist in die Zuständigkeitszuweisung des § 85 Abs. 4 S. 1, Abs. 4a S. 1 mit 1. HS SGB V nicht einbezogen worden; ebenso fehlt es an der gesetzgeberischen Ermächtigung zur materiell-inhaltlichen Festsetzung der gewählten Lösung.[80] Im Übrigen besteht die Gefahr, dass zumindest diejenigen Ärzte, die im KV-System verblieben sind, „ausbluten".[81]

Ein weiteres Problem stellen die in den Hausarzt- bzw. Selektivverträgen häufiger vereinbarten *Pauschalzahlungen* je Patient dar.[82] So haben der Bremer Hausärzteverband und die AOK Bremen/Bremerhaven am 23.12.2009 einen Vertrag zur hausarztzentrierten Versorgung unterschrieben. Der Vertrag, der zum 01.01.2010 in Kraft trat, sieht u. a. vor, dass die teilnehmenden Ärzte ab 01.07.2010 jeweils 60 € an kontaktunabhängiger Pauschale je Patient und Jahr erhalten werden. Vereinbart sind weitere Pauschalen wie z. B. 5 € als Sonografie-Zuschlag und 25 € Zuschlag im Quartal für chronisch kranke Patienten. Außerdem umfasst die Vereinbarung Mindestanforderungen an die verpflichtende Teilnahme zur strukturierten Fortbildung. Letzteres schreibt allerdings schon § 73b Abs. 2 Nr. 1 SGB V als Mindestvoraussetzung des Vertragsabschlusses

---

des SG München v. 29.05.2009 – S 28 KA 432/09 ER –, MedR 2009, 437; Bayer. LSG, Beschl. v. 27.06.2009 – L 12 KA 33/09 B ER –, GesR 2009, 477.

79 Vgl. Ärzte Zeitung v. 16.12.2009.

80 Siehe etwa §§ 73b Abs. 7 S. 2, 87a Abs. 3 S. 2 sowie § 87b Abs. 4 SGB V; die Begründung zu § 73b Abs. 7 SGB V i. d. F. des GKV-WSG, BT-Drs. 16/3109 geht davon aus, dass das Bereinigungsverfahren in den *Gesamtverträgen*, ggf. mit Hilfe des Schiedsamts nach § 89 SGB V vereinbart wird. Die Leistungsbeschreibung und die Vergütung im Rahmen eines Selektivvertrags hat im Übrigen nach Scheitern der Vertragsverhandlungen „die *Schiedsperson* … nach billigem Ermessen … festzulegen", vgl. Entwurf eines Gesetzes zur Weiterentwicklung der Organisationsstrukturen in der GKV mit den Beschlüssen des Ausschusses für Gesundheit, BT-Drs. 16/10609, S. 67.

81 Ärzte Zeitung v. 03.12. und 23.12.2009.

82 So in den regional von den Hausärzteverbänden u. a. mit den Ortskrankenkassen Baden-Württemberg, Bayern und Bremen abgeschlossenen Hausarztverträgen. Dazu im Einzelnen der nachfolgende Text.

vor. Die Bremer Hausärzte setzen damit auf einen *Vollversorgungsvertrag* auf der Grundlage des Mustervertrages, den der Deutsche Hausärzteverband ausgearbeitet hat.[83]

Ohne Zweifel fördern die zusätzlich zum Kollektivvertrag mit Leistungsanbietern über Mengen, Qualität und Preise der Gesundheitsdienstleistungen abgeschlossene Einzelverträge die größere Wahlfreiheit der Versicherten. In diesem Zusammenhang gezahlte *Pauschalen* muten indes eher wie Kopfprämien zu deren Einschreibung an. Denn der Nutzen für den Patienten dürfte jedenfalls dann offen bleiben, wenn sie kontaktunabhängig oder als unspezifizierte Behandlungsvergütung für jedes Quartal gezahlt werden. Präventionsbezüge sind dabei ebenfalls nicht erkennbar. Darüber hinaus fehlt es auch unter Qualitätssicherungsgesichtspunkten an einer Verknüpfung der Vergütung mit dem tatsächlichen Behandlungsaufwand. Zumindest der Grundsatz der Wirtschaftlichkeit der Leistungserbringung erfordert aber diese Verbindung. Überhaupt müssen sich die Selektivverträge sowohl an diesen Grundsatz wie auch an den Grundsatz der Beitragssatzstabilität (§§ 71, 72 Abs. 2 SGB V) halten.[84] Andernfalls werden die Ausgaben für die jährliche ambulante Versorgung in ungeahnte Höhen wachsen. Diese Entwicklung lässt sich im Blick auf die ihr zuzuschreibenden Defizite nur bei voller Abschlussfreiheit für die Akteure vermeiden, d. h. durch Rücknahme der Verpflichtung zum Abschluss von Hausarztverträgen allein mit den gesetzlich in § 73b SGB V zwingend vorgeschriebenen Vertragspartnern.

e) Datenschutz und Schweigepflicht im Rahmen hausarztzentrierter Versorgung

Im Kontext einer koordinierten und auf Qualitätssicherung abzielenden Versorgung mit Gesundheitsdienstleistungen sind schließlich die Belange des *Datenschutzes* und der ihm korrespondierenden *ärztlichen Schweigepflicht* nicht zu vernachlässigen. Sie gründen auf dem Recht des Patienten zur informationellen Selbstbestimmung.[85] Der Gesetzgeber hat hierzu in § 73 Abs. 1b SGB V vorgesehen, dass ein Hausarzt mit schriftlicher Einwilligung des Versicherten, die widerrufen werden kann, bei Leistungserbringern, die einen seiner Patienten behandeln, die den Versicherten betreffenden Behandlungsdaten und Befunde zum Zwecke der Dokumentation und der weiteren Behandlung erheben darf. Er darf

---

83 Vgl. Ärzte Zeitung vom 23.12.2009.

84 Zu dieser „Systembindung" von Selektivverträgen bzw. deren Inhalten siehe schon oben im Text bei Fn. 73.

85 BVerfGE 65, 1 (43 f., 45); BVerfGE 115, 320 (345); BSGE 59, 172 (179); BSGE 95, 199 (204 RdNr. 27); *Lang*, Das Recht auf informationelle Selbstbestimmung des Patienten und die ärztliche Schweigepflicht in der gesetzlichen Krankenversicherung. Frankfurt a. M.; *Pitschas*, Regulierung des deutschen Gesundheitswesens durch Rechtsinfrastruktur und Informationstechnik – die elektronische Gesundheitskarte, in: Ders. (Hrsg.), Regulierung des Gesundheitsrechts durch Telematikinfrastruktur – die elektronische Gesundheitskarte, Frankfurt a. M. 2009, S. 45 (57 f., 59 ff.) m. w. Nachw.

weiterhin die ihm übermittelten Daten nur zu dem Zweck verarbeiten und nutzen, zu dem sie ihm übermittelt worden sind. Ob diese Anordnungen auch im Rahmen des § 73b SGB V gelten, ist fraglich.[86] Eine ergänzende Regelung sieht dieser jedenfalls in Abs. 7 S. 4 SGB V für die Ermittlung der Gesamtvergütung vor.

Zur Frage des *Datenumgangs* im Zusammenhang der Selektivverträge äußert sich der Gesetzgeber jedoch nicht speziell. Das BSG hat diesbezüglich – allerdings in der Darlegung eines nicht tragenden Entscheidungsgrundes – nur darauf hingewiesen, dass spezifische Datenschutzregelungen in den Vorschriften über den Vertragswettbewerb bei Selektivverträgen fehlen würden; das Gericht hat darüber hinaus etwas undeutlich angemerkt, es liege „nahe, dass insoweit dieselben Grundsätze maßgeblich sein sollen", wie sie in seinem Urteil vom 10.12.2008 zur Unzulässigkeit der Einschaltung externer Abrechnungsstellen bei der Abrechnung ambulanter Notfallbehandlungen gegenüber den KV'en entwickelt worden seien.[87]

Explizite gesetzliche Aussagen über Datenschutz und Schweigepflicht bei der Datennutzung im Rahmen der hausarztzentrierten Versorgung enthält in der Tat und i. S. der Rechtsprechung des BSG § 73b SGB V nicht. Zugleich scheidet die Annahme einer generellen Einwilligung des Patienten in die Erhebung und Verwendung seiner Gesundheitsdaten aus. Auch die Vorschriften des Bundesdatenschutzgesetzes (BDSG) sind zu allgemein gefasst, als dass sie – insbesondere auch die Ermächtigung zur Auftragsdatenverarbeitung (§ 11 BDSG) – geeignet wären, eine entsprechende Datennutzung im Zusammenhang der besonderen hausärztlichen Versorgung zu legitimieren.[88] Vielmehr ergibt sich schon aus der strafrechtlich sanktionierten ärztlichen Schweigepflicht (§ 203 Abs. 1 Nr. 1 StGB) die Notwendigkeit einer spezifisch auch das Arzt-Patienten-Verhältnis einbeziehenden *gesetzlichen Befugnis* zum Offenbaren von Gesundheitsgeheim-

---

86 Vgl. Urt. des BSG v. 10.12.2008 – B 6 KA 37/07 R –, SGb 2009, 717 (723, Rz. 38) m. Anm. *Heberlein*; *Schirmer* (Fn. 12), 153; *Schneider*, Abrechnungsstellen und Datenschutz in der GKV, VSSR 5/2009, 381 (394 ff.). Immerhin steht aber § 73b SGB V in einem inneren Zusammenhang mit der Regelung der hausärztlichen Versorgung nach § 73 Abs. 1 S. 2, Abs. 1a und Abs. 1b SGB V, wobei letzterer Datenschutzregelungen zu den Datenanforderungen durch den Hausarzt und diesem gegenüber in detaillierter Form trifft. Das BSG lässt hierzu offen, wie es entscheiden würde. Einstweilen (bis zum 30.06.2010) gelten die Übergangsregelungen für Abrechnungsstellen nach der 15. AMG-Novelle (Gesetz zur Änderung arzneimittelrechtlicher und anderer Vorschriften v. 17.7.2009 [BGBl. I, S. 1990]): Im Bereich der *Selektivverträge* wurde die Einschaltung externer Abrechnungsstellen explizit erlaubt, vgl. Art. 15 Nr. 13a lit. b der Novelle. Doch dürfte diese Flickschusterei nicht ausreichen, s. nur BT-Drs. 15/13428, S. 92, 96.

87 A. a. O. (Fn. 86), Rz. 32 ff.

88 Vgl. BSGE 90, 1 (5); BSG (Fn. 86), Rz. 33 ff.

nissen. Darunter fallen auch die im Rahmen der hausarztzentrierten Versorgung erhobenen und verwendeten Patientendaten.[89]

Das Datenschutzrecht und die Schweigepflicht bilden insoweit zwei gleichrangig nebeneinander zu beachtende Schranken für den Datenumgang. Eine allgemein gehaltene datenschutzrechtliche Erlaubnis wie die nach § 11 BDSG vermag deshalb die Übertragung von Patientendaten alleine nicht zu rechtfertigen. Jedoch kann, wovon möglicherweise auch § 73 Abs. 1b SGB V ausgeht, die Schweigepflichtentbindungserklärung des Patienten die Offenbarung der Daten durch den Leistungserbringer legitimieren. Sie darf allerdings nicht mutmaßlich oder konkludent erfolgen.[90] Fehlt aber die Ermächtigung zur Entbindung von der Schweigepflicht bzw. die schriftliche Einwilligung des Patienten zur Offenbarung der Daten, dann geht es letztlich um die Frage, ob die Daten auch dann noch – z. B. für Abrechnungszwecke – an die „Gemeinschaften" von Leistungserbringern i. S. des § 73b Abs. 4 SGB V weitergegeben werden dürfen.

Im Vertragssektor ist diese Frage unlängst bejaht worden, weil die genannten Gemeinschaften im Leistungserbringungsrecht für Selektivverträge als ein „Bindeglied" zwischen den klassischen Leistungserbringern (Ärzten) und den Krankenkassen betrachtet werden.[91] Sie würden, so heißt es, gleichsam wie im kollektivvertraglichen Bereich die KV'en, die Abrechnungsfunktionen wahrnehmen.[92] Demgegenüber ist jedoch daran festzuhalten, dass die datenschutzrechtlichen Anforderungen an die Datenverwendung die Existenz einer klaren Erlaubnisnorm zur Grundlage haben (müssen). Jegliche entsprechende Anwendung von Datenschutzvorschriften ist deshalb zweifelhaft. Im Rahmen von Selektivverträgen, die für den Versicherten eine bloße Option neben der kollektivvertraglichen Regelversorgung darstellen, müssen deshalb stets eine gezielte schriftliche Einwilligung und die korrespondierende Schweigepflichtentbindung vorliegen, aber auch genügen, um Dritte wie z. B. Managementgesellschaften oder Abrechnungsstellen einzuschalten.[93]

---

89 Die gesetzlich begründete Übermittlungspflicht durchbricht allerdings den Schutz durch die ärztliche Schweigepflicht. Sozialdatenschutz und der Schutz der Gesundheitsdaten bestehen im Übrigen nebeneinander.

90 Weitergehend BSG (Fn. 86), Rz. 35 ff., das offenkundig eine Einwilligung nur in „ausdrücklich normierten Fällen" (Rz. 37) zulassen will.

91 Vgl. nur § 11 Abs. 4 des Vertrages der AOK Baden-Württemberg zu hausarztzentrierten Versorgung: Die Abrechung erfolgt über eine Managementgesellschaft, die ihrerseits berechtigt ist, ein (externes) Abrechnungssystem einzuschalten.

92 So *Schneider* (Fn. 86), 394 f. m. Fn. 76.

93 A. A. z. B. *Schirmer* (Fn. 12), 153. Der Patient muss allerdings vor Abgabe dieser Einwilligung bzw. Entbindungserklärung vom Leistungserbringer auf den Verbleib der Daten schriftlich hingewiesen werden, vgl. BVerfG, NJW 2008, 822 (Rn. 167, 169 ff., 177 ff., 187 ff., 196 ff.); *Pitschas* (Fn. 93), S. 59 f., 61 ff. Die Herausforderungen für den Gesetzgeber liegen auf der Hand!

2. *Wettbewerbliche Mängel der Ausgestaltung selektiver Vertragsbeziehungen*

a) „Fairer" Wettbewerb zwischen Leistungserbringern und Krankenkassen

Eine zielgerechte hausarztzentrierte Versorgung ist mit Blick auf die voraufgehend skizzierten Sicherstellungs- und Rechtsanwendungsprobleme der Gesundheitsversorgung nur dann zu erreichen, wenn es zwischen dem Selektiv- und dem Kollektivvertragssystem eine rechtlich klare Funktionenteilung und so etwas wie eine „faire" Koordination gibt. Einzelverträgen muss deshalb ein Vertragskonzept zugrunde liegen, das sich nicht in unwirtschaftlichen Honorarzuschlägen und ineffektiven Qualitätssicherungsmaßnahmen für Hausärzte sowie bei alledem in einem unendlichen Widerstreit mit den KV'en erschöpft. Diese sind der Sache nach unersetzliche Institutionen inmitten einer Tendenz zur umfassenden Versorgungsintegration.[94]

Der Vertragswettbewerb bedingt also, dass sich *zusätzlich zum Kollektivvertrag* durch die Einzelverträge „faire" wettbewerbliche und individuelle Vertragsoptionen sowohl für die Leistungserbringer als auch für die Krankenkassen eröffnen. Beide stehen sich insofern als gleichberechtigte Partner in einem qualitätsbestimmten Suchprozess gegenüber, der in seinem Ergebnis den Versorgungsinteressen der Patienten dient und das Versorgungsniveau steigern soll. Hierüber zu wachen, ist dann unter Einbezug der KV'en eine kollektivvertraglich zu regelnde Aufgabe.

b) Potentielle Nachfrageübermacht von Krankenkassen und ärztlichen Leistungserbringern

Im Selektivvertragssystem wären in der Konsequenz dessen – und entgegen der jetzigen Rechtslage – *freie* Verhandlungen der Vertragspartner ohne gesetzliche Reglementierung wie in § 73b SGB V vorzusehen.[95] Denn diese können, um den Vorteil ergänzender Einzelverträge zum Kollektivvertragshandeln effektiv zur Wirkung zu bringen, selbst am besten entscheiden, welche Verträge mit welchen Vertragspartnern ihren Versicherten Vorteile bringen. Zu Recht wird darauf hingewiesen, es sei „genau das Gegenteil von Wettbewerb und Vertragsfreiheit, wenn das bisherige Monopol der Kassenärztlichen Vereinigungen zwar gelockert (werde), an dessen Stelle aber das Monopol eines freien ärztlichen Verbandes gesetzt wird".[96] Umgekehrt ist es dem gegenwärtig geschaffenen Vertragssystem immanent, dass Krankenkassen im Verein mit vertraglich gebundenen „Managementgesellschaften" gegenüber den einzelnen Vertragsärzten eine erhebliche *Nachfrageübermacht* entwickeln, die im Rahmen der Vertragsver-

---

94 Dazu schon oben im Text um und zu Fn. 14.

95 Ebenso Techniker Krankenkasse (Hrsg.), Verantwortung im Wettbewerb statt Zentralismus und Subventionen, Hamburg 2009, S. 13.

96 Techniker Krankenkasse, a. a. O. (Fn. 95), S. 13.

handlungen eingesetzt werden kann. Sie könnte zu Vertragsstrukturen führen, die dem einzelnen ärztlichen Leistungserbringer zunächst als vorteilhaft erscheinen, sich aber im Nachhinein als betriebswirtschaftlich ruinös erweisen.

Dementsprechend sind *Nachfragekartelle* auf Seiten der Vertragspartner zu unterbinden. Sie verhindern einen fairen Wettbewerb. Dies gilt im Selektivvertragssystem sowohl für einzelne Kassen, die regional oder bundesweit über große Marktanteile verfügen und damit zu gegebener Zeit die Preise diktieren könnten, als auch für ärztliche Leistungserbringer, die in Gestalt gesetzlich sanktionierter Vertragspartner teure Verträge erzwingen möchten. Hier liegt eines der *strukturellen Regelungsdefizite* des § 73b SGB V; er erleichtert in dem zuvor dargelegten Sinne das Entstehen neuer Nachfragekartelle.

c) Gefährdete Vertragsautonomie und beförderter Funktionswandel des Arztberufs

Auch ohne diese und bezogen auf die mächtigen Vertragspartner auf der Kassenseite fehlt es allerdings im Selektivvertragssystem an einer ursprünglichen *Vertragsparität* aus der Sicht des einzelnen ärztlichen Leistungserbringers. Das selektive Vertragskonzept vermag nämlich seine freiheitssichernde Funktion nur zu erfüllen und den Verlust des zuvor ausschließlich durch die Kollektivverträge mit den KV'en gewährleisteten beruflichen Status des Vertragsarztes im Wege „individualisierter“ Vertragssicherheit nur zu kompensieren, wenn *alle* Vertragspartner – insbesondere bei Einzelverträgen – „mit gleichlangen Spießen“ einander begegnen würden.

Diese „Balance of Countervailing Powers“, wie sie etwa dem Tarifvertragsrecht auf der Grundlage des Art. 9 Abs. 3 GG vertraut ist[97] und auch als Voraussetzung eines *funktionsfähigen Wettbewerbs* z. B. vom Gesetzgeber in § 69 SGB V akzeptiert wird, ist freilich im vermachteten Gesundheitssystem bei dem Aushandeln der Selektivverträge nicht einmal durch die Bildung von „Gemeinschaften“ (§§ 73b Abs. 4, 73c Abs. 3 SGB V) umfassend bzw. auf Dauer gewährleistet. Schon deren prozedurale Vertragsabschlusskompetenz muss der Gesetzgeber durch eine gewillkürte und unklare „Vertretungsregelung“ in Bezug auf die ärztlichen Leistungserbringer sicherstellen (§ 73b Abs. 4 S. 1 SGB V – „vertreten“).[98] Die Vertragsärzte verfügen eben – solange sie im Rahmen des Vertragskonzepts ohne hohen und öffentlich-rechtlich herbeigeführten kollektiven Organisationsgrad nach dem Muster etwa der KV handeln – im Regelfall nicht über das für die betätigte Eigenverantwortung erforderliche Maß an *wirkmächtiger Vertragsautonomie*.

---

97 *R. Scholz*, Koalitionsfreiheit als Verfassungsproblem, München 1971, S. 47 ff., 49 f., 51 ff.

98 Vgl. *Kingreen/Temizel* (Fn. 12), 135, l. Sp.; *Walter* (Fn. 4), 310, l. Sp.

Im Zuge des weiteren Ausbaus der Einzelverträge dürfte sich dieses Defizit noch vertiefen. Denn über den Abschluss eines Selektivvertrags wird der freiberufliche ärztliche Leistungserbringer in Zuordnung zu seinem künftigen Partner auf Kassenseite – und nur diesem verpflichtet – zum wirklichen „Vertrags"-Arzt. Die Grundlage seiner Tätigkeit ist dann auch nicht mehr (allein) die eigenverantwortete Hinwendung zum Patienten i. S. einer wertethisch verstandenen Gesundheitsvor- und -fürsorge, die verständlicherweise entsprechend zu „honorieren" ist.[99] Aus dem Bild der bisherigen ärztlichen „Professionalisierung" entschwindet vielmehr diese – durchaus mit einem höheren Einkommen verbundene – Gesamtverantwortung für die Gesundheit in der Gesellschaft auf eine Weise, die das Selektivvertragssystem gleichsam dokumentiert; der „Vertragsarzt" mutiert zum „Vertragsmanager".

Der Gesetzgeber strebt dadurch und mit der Förderung der Einzelverträge offenkundig einen *vertraglich abhängigen Leistungserbringer* an, der seine ärztlichen Dienstleistungen in hohem Maße qualitätsgesichert als ein Spezialist erbringt, ohne indes über eine entsprechende (Vertrags-)Unabhängigkeit verfügen zu können. Stattdessen wird er in das nunmehr an den Interessen der GKV-Kassen ausgerichtete wettbewerbliche Vertragssystem der Krankenversicherung eingebunden; er kann dementsprechend auch persönlich „gekündigt" werden. Ein solcher Vertrags-Arzt darf zwar als Unternehmer weitere Ärzte anstellen und weitere Praxisorte übernehmen – doch geschieht dies, ohne kompensatorisch die völlige unternehmerische Freiheit für die verlorengegangene Freiberuflichkeit zu erobern. Die auf solche Weise herbeigeführten status- und berufsrechtlichen Veränderungen des „Freien Berufs" Arzt[100] bilden den wahren Kern der sich nunmehr einstellenden Funktionsdefizite in der hausarztzentrierten (Vertrags-) Versorgung.

Im Hinblick hierauf liegt die Frage nahe, wie die neuen Versorgungsformen mit der Regelversorgung rechtmäßig und bestandssicher verbunden werden können. Dies wird insbesondere mit Blick auf die nach § 73a SGB V abzuschließenden Strukturverträge einerseits, im Hinblick auf die besondere ambulante ärztliche Versorgung nach §§ 73c SGB V andererseits zum Problem. Der mit diesen Regelungen verbundene und als solcher „offene" Spielraum für die Gestaltung von Versorgungsstrukturen bzw. für den Abschluss von Einzelverträgen lässt ein buntes Bild von Versorgungsangeboten entstehen, die sich jeweils überlappen und für Irritationen bei den Versicherten sorgen werden. Denn die gesetzlichen Krankenkassen stehen miteinander im Wettbewerb, sind nicht durchweg flä-

99 *Pitschas* (Fn. 31), Rn. 30; *ders.*, Das klassische Leitbild des Freien Berufs in der deutschen Rechtsordnung, in: Jb. des Kammer- und Berufsrechts 2005, Baden-Baden 2006, S. 349 (367).

100 Zu den verfassungsrechtlichen Schranken dieser Entwicklung unter Hinweis auf die Besonderheiten der freien Berufe vor dem Grundgesetz BVerfGE 120, 1 (31 ff., 34 ff.).

chendeckend aufgestellt, verfolgen unterschiedliche Interessen und müssen überdies regionalen Bedarfsanforderungen Rechnung tragen.

Nicht von ungefähr sind deshalb Bestrebungen einzelner Ärzteverbände erkennbar, miteinander zu kooperieren, ihre Marktmacht zu bündeln und für einheitliche Strukturen zu sorgen. Das Ziel ist es, als wirkmächtige „Gemeinschaften" mit den Kassen vornehmlich überregionale Vereinbarungen zu schließen. Versichertenbezogen und „wirtschaftlich" i. S. des Vertragsarztrechts kann dies allerdings wohl nur auf der Wirkebene entsprechender Organisationsmacht, also über *„kollektive Selektivverträge"* geschehen. Dazu rechnen auch die von den Kassen mit „Ärztenetzen" o. a. und den KV'en abgeschlossen „Gemeinschaftsverträge" nach §§ 73b SGB V – wenn sie denn überhaupt zustande kommen.[101]

d) Vertragswettbewerb zu Lasten der Versicherten

Unabhängig aber davon, welche Form für die „neuen" Versorgungsverträge gewählt wird – ob sie kollektiv, selektiv oder „effektiv" sind –, ist für Patienten von größter Bedeutung, dass die neuen Versorgungsangebote die Defizite der herkömmlichen Versorgung auflösen und ihnen sowie den Versicherten unter den Bedingungen des demografischen Wandels und zunehmender chronischer Erkrankungen innovative Wahloptionen gewähren.[102] Dementsprechend werden die Krankenkassen unterschiedliche Versorgungsangebote bereithalten müssen, zwischen denen die Versicherten dieser Kassen einerseits die Wahl haben, die andererseits aber nicht mehr – wie nach dem klassischen kollektivvertraglichen Modell – die Freiheit ermöglichen, zwischen *allen* Leistungserbringern und *allen* Arten der Leistungserbringung zu *wählen.*[103] Diese Entwicklung ruft nach Orientierung im System („Lotsenfunktion") und fordert die Entscheidung darüber ab, welche Qualität das jeweilige Versorgungsangebot bietet; gerade aber die Vielfalt der Selektivverträge lässt entsprechende Fragezeichen auch hinter die Rolle des Allgemeinarztes in der hausarztzentrierten Versorgung setzen.

Geht es sonach im (alternativen) Vertragswettbewerb um Orientierung im System, um Qualitätstransparenz und um Abgrenzbarkeit der „Versorgungspakete" untereinander sowie im Verhältnis zur kollektivvertraglichen Regelversorgung, dann fehlt es hierfür an entsprechenden gesetzlichen Normierungen auf der Grundlage des insoweit ebenfalls noch auszubuchstabierenden gesetzgeberischen Vertragskonzepts. Es muss zudem um die *Publizität* der Selektivverträge gerungen werden: Die im Grundgesetz garantierte allgemeine Handlungsfreiheit (Art. 2 Abs. 1 GG) gewährleistet *allen* Versicherten kraft ihrer Ausstrahlung auf

---

101 Siehe etwa den Bericht „In Niedersachsen ist die KV beim Hausarztvertrag im Boot", Ärzte Zeitung vom 18.01.2010; *Walter* (Fn. 4), 310 f.

102 Dazu der Bericht von *Korzilius*, Am Lotsen führt kein Weg vorbei, DÄBl. v. 23.10.2009, Jg. 106, H. 43, S. C 1788.

103 Dazu näher *Engelmann* (Fn. 12), Rn. 16 ff.

das System der gesetzlichen Krankenversicherung sowohl die Chance der Kenntnisnahme und des Vergleichs des jeweiligen Versorgungsrahmens als auch die Ausstiegsoption bei Vertragseinschreibungen. Die Verfassung hält Gesetzgeber und die soziale Krankenversicherung dazu an, Leistungsanspruch und Wahlrechte der Versicherten zu respektieren.[104]

3. Gelenkter Vertragswettbewerb und institutionelle Sicherstellung der Gesundheitsversorgung

a) Übergang des Sicherstellungsauftrags auf die Krankenkassen

Zur flächendeckenden Sicherstellung der hausarztzentrierten Versorgung haben die Krankenkassen allein oder in Kooperation mit anderen Krankenkassen die Selektivverträge mit Gemeinschaften zu schließen, die mindestens die Hälfte der an der hausärztlichen Versorgung teilnehmenden Allgemeinärzte des Bezirks der KV'en vertreten. Insoweit ist der Sicherstellungsauftrag nach § 75 Abs. 1 SGB V eingeschränkt (§ 73b Abs. 4 S. 6 SGB V); seine Träger sind nunmehr und insoweit die Krankenkassen. Der vom Sicherstellungsauftrag zugleich umfasste Notdienst (§ 73b Abs. 4 S. 7 SGB V) kann indes, soweit er der hausarztzentrierten Versorgung zuzurechnen ist, gegen einen Aufwendungsersatz den KV'en überantwortet werden. Diese Regelung soll nach dem Willen des Gesetzgebers allein „Praktikabilitätsgründen" Rechnung tragen.[105] Ob allerdings davon in der Praxis Gebrauch gemacht werden wird, hängt von der Bereitschaft der Akteure im gelenkten Vertragswettbewerb ab, die hausarztzentrierte Versorgung als eine nützliche und konfliktfreie Versorgungsform zu akzeptieren. Nicht zuletzt zeichnen hierfür finanzielle Erwägungen verantwortlich, denn der Notdienst ist nicht ohne kostenträchtige Aufwendungen bereitzustellen. Interessanterweise greift der Gesetzgeber insoweit und wiederum auf die *Bereitstellungsfunktion* der KV'en zurück (vgl. § 73b Abs. 4 S. 7 SGB V).[106]

b) Erosion der KV-Strukturen im Kollektivvertragssystem

Aus *institutioneller Perspektive* verstärkt der Gesetzgeber dadurch die Erosion der KV-Strukturen.[107] Die bereits dargelegte Verdrängung der Kassenärztlichen Vereinigungen aus dem Vertragsgeschäft setzt sich auf diese Weise mit dem

---

104 So hat das BVerfG in E 106, 275 (303 f.) positiv ein auf Art. 2 Abs. 1 GG gestütztes Recht des Versicherten festgestellt, die Auswahl unter den Arznei- und Hilfsmitteln, die ihnen als Sachleistung zur Verfügung gestellt werden, frei zu treffen; vgl. ferner BVerfGE 89, 120 (130) zur freien Therapiewahl.

105 Vgl. *Huster*, in: Becker/Kingreen (Fn. 5), § 73b, Rn. 15 a. E.

106 *Schirmer* (Fn. 12), 151.

107 Ähnlich *Kingreen/Temizel* (Fn. 12), 135 f., 139 („unklare Restverantwortung der KV'en").

Übergang des Sicherstellungsauftrags auf die Krankenkassen (konsequent) fort. Die Entscheidungen über Inhalte, Vergütung und die Umsetzung von Hausarztverträgen wird gesetzlich den dafür ursprünglich vorgesehenen Institutionen der vertragsärztlichen Selbstverwaltung entzogen. Institutionell etabliert sich damit neben der Gestaltung der Versorgung durch Kollektivverträge unter Mitwirkung der KV'en ein *weiteres Versorgungsmodell*, in dem qualifizierte Allgemeinärzte die Behandlung ihrer Patienten koordinieren und diese durch das Gesundheitssystem „navigieren". Der Gesetzgeber seinerseits folgt dieser Intention und verknüpft darüber hinaus mit ihr die Hoffnung auf bessere Behandlungsergebnisse sowie auf eine wirtschaftlichere Versorgung.[108]

Die Zuweisung der (ergänzenden) Sicherstellung einer bedarfsgerechten, wohnortnahen, flächendeckenden ärztlichen Versorgung (vgl. § 72 Abs. 1 SGB V) an die Kassen erweist sich indes als eine weitere Dysfunktion des Vertragswettbewerbs. Soweit nämlich die KV'en hieran und entgegen der Sinngebung der §§ 72 Abs. 1, 72a Abs. 2 und 75 Abs. 1 SGB V nicht mehr beteiligt sind, entwickelt sich auf der Grundlage der hausarztzentrierten Vertragskonzeption mit dem dieser innewohnenden *Risiko* des Fehlschlags die Sicherstellung der Versorgung *occasionell*. Oder mit anderen Worten: Auf längere Sicht kann mit den aktuellen Strukturen die gesundheitliche Versorgung in der Fläche künftig nicht mehr störungsfrei sichergestellt werden, weil der Vielfalt von Verträgen eine Pluralität der Steuerungsintentionen und -instrumente sowie der Navigationsinstanzen im Gesundheitssystem entsprechen wird.[109]

c) Veränderungsbedarfe des institutionellen Arrangements vertragsärztlicher Interessenvertretung

Als Konsequenz aus dieser Einsicht verbleibt einerseits die Möglichkeit, die derzeit als körperschaftliche Interessenvertretung auf Seiten der ärztlichen Leistungserbringer organisierten Kassenärztlichen Vereinigungen zu erhalten, zugleich aber einen gesetzlichen Ordnungsrahmen für die Integration der Selektivverträge in das Kollektivvertragssystem zu schaffen. Hierzu wäre auf den Stand der Regelungen hausärztlicher Versorgung durch das GKV-Wettbewerbsstärkungsgesetz[110] zurückzugehen.

Eine zweite Möglichkeit der Veränderung des gegenwärtigen *institutionellen Arrangements* vertragsärztlicher Leistungserbringung läge darin, die Einzelverträge der Kassen mit Leistungsanbietern über Mengen, Qualität und Preise durch kollektive Vertragsstrukturen zur Gestaltung der Rahmenbedingungen für die hausärztliche Grundversorgung zu überformen. Der Sache nach bedeutete dies

108 Dazu auch oben im Text bei A. I. 3 und II. 3; B. I. 3 und B. II. 1.

109 Dazu näher noch *Kingreen/Temizel* (Fn. 12), 141 f.; *Korzilius*, DÄBl. v. 4.12.2009, Jg. 106, H. 49, S. C 2046 (2047).

110 A. a. O. (Fn. 2); vgl. ferner oben im Text um und zu Anm. 29, 35 und in B. I.

die Einrichtung einer *zweiten (hausärztlichen)KV-Struktur* mit eigenen Vertretungsorganen. Denkbar wäre zugleich – und hieran anschließend – die Zusammenführung beider Einrichtungen unter einer *Dachverbandslösung*, ähnlich der in der gesetzlichen Rentenversicherung.[111] Die gruppenindividualisierte Selbstverantwortung der Hausärzte und ihrer „Gemeinschaften" auf wettbewerblicher Grundlage wäre dann mit dem „solidarischen" Kollektiv verbunden.[112].

Die Gesundheitspolitik der *Bundesländer* muss jedenfalls angesichts sich abzeichnender Versorgungslücken und eines zunehmenden Stadt-Land-Gefälles mit dem Wachstum ungleicher Gesundheitsversorgung eigene Konzepte zur künftigen Sicherstellung der ambulanten Gesundheitsversorgung entwickeln. Die gegenwärtig fehlende effektive Verknüpfung von Vertragswettbewerb und Sicherstellung der Versorgung trägt insofern ein latentes weiteres *strukturelles Vollzugsdefizit* in sich; Kollektiv- und Einzelverträge bedürfen übergeordneter Steuerung durch eine sowohl korrigierende als auch neutralisierende und orientierende (Dach-)Instanz, um zusammen die vom Gesetzgeber gewollte flächendeckende Versorgung zu gewährleisten.

d) Kollaborative Governance oder Ohnmacht der Selbstverwaltung?

Diese *kollaborative Governance*[113] zu organisieren, sollte die Aufgabe der Gemeinsamen Selbstverwaltung im Rahmen eines künftigen Kollektivvertragsmodells sein. Durch Einzelverträge begründete selektierte Versorgung bedeutet deshalb nicht automatisch eine „sezierte Selbstverwaltung".[114] Doch bedarf es der Entwicklung einer *koordinierenden Instanz*, in die auch Patientenvertretungen einzubeziehen wären.

Flankierend dazu wird eine transparente und einheitliche *Aufsichtspraxis* erforderlich. Denn inmitten des ausgreifenden Wettbewerbs der Kassen untereinander und verdeckter „closed shop"-Praktiken dieser gegenüber den ärztlichen Leistungserbringern sollte vor allem die Genehmigung von Selektivverträgen vereinheitlicht werden.[115]

Gelingt es dagegen nicht, der Vielfalt der Verträge und Versorgungsprogramme eine *institutionalisierte Koordination* der vertraglichen Versorgung sowie der Qualitätsförderung und -sicherung entgegenzusetzen, die zugleich gegenüber Versicherten und Patienten Orientierungsfunktionen übernimmt sowie die Pub-

111 Vgl. Gesetz zur Organisationsreform in der gesetzlichen Rentenversicherung (RVOrgG) v. 09.12.2004 (BGBl. I, S. 3242); *Waibel*, VSSR 2003, 115 ff.

112 Zum organisationsrechtlichen Hintergrund siehe *Pitschas*, Sozialer Bundesstaat und Föderalismusrefom , in: H.-J. Blanke (Hrsg.), Die Reform des Sozialstaats zwischen Freiheitlichkeit und Solidarität, Tübingen 2007, S. 23 (38 f., 56).

113 Zur Kategorie „Governance" und deren Reichweite vgl. schon die Nachw. oben, Fn. 46.

114 Ähnlich im Ergebnis *Kingreen/Temizel* (Fn. 12), 136, l. Sp.

115 Techniker Krankenkasse, a. a. O. (Fn. 95), 16.

lizität der Selektivverträge sichert, dann droht auf längere Sicht die Gemeinsame Selbstverwaltung ihres Substrats einer einheitlichen Entwicklung der Gesundheitsversorgung im Verbund mit der ärztlichen Verantwortung verlustig zu gehen. Denn zu der beschriebenen Vielfalt gehört, dass es *unterschiedliche* Versorgungsmodelle und Steuerungsinstanzen geben wird. Dem setzt die gegenwärtige Fassung des § 73b SGB V nichts entgegen. Patientenvertretungen könnten ebenfalls an den Steuerungsfunktionen beteiligt werden.[116] Der Gesetzgeber ist mithin aufgefordert zu klären, „wo und wie Versorgung stattfindet" (*A. Köhler*). Nur dadurch kann die Gemeinsame Selbstverwaltung ihrer Gestaltungskompetenz erhalten.

e) Delegitimierende Berufung der Schiedsperson für den selektiven Vertragswettbewerb

In diesem Kontext legitimierender Gemeinsamer Selbstverwaltung in der Vertragsärztlichen Versorgung erscheint die Berufung einer *Schiedsperson*, die den *Inhalt* eines Selektivvertrages nach § 73b Abs. 4 S. 1 SGB V für den Fall festlegt, dass sich die Vertragsparteien auf den Vertragsabschluss nicht einigen, dysfunktional und rechtlich fragwürdig. Denn die zu treffende inhaltliche Entscheidung wandert aus dem Bereich der Selbstverwaltung hinaus und wird vom Gesetzgeber einer „Verwaltungsbehörde" zugewiesen. Anders nämlich, als das *ehrenamtlich* tätige Schiedsamt nach § 89 SGB V, das nach Maßgabe der gesetzlichen Voraussetzungen den Vertragsinhalt eines Vertrags über die vertragsärztliche Versorgung „festsetzt", handelt die Schiedsperson als monokratisch organisierte Verwaltungsbehörde, die den Inhalt des bis dahin unter den Beteiligten verhandelten Selektivvertrages – über eine vertragliche Regelung muss also zumindest teilweise bzw. dem Grunde nach schon gehandelt worden seien – „festlegt".

Funktional fügt sich diese Regelung in das System der Schiedsverfahren als Instrumente des „Vereinbarungsprinzips" im Vertragsarztrecht mit den Schiedsämtern nach § 89 SGB V sowie zur Tätigkeit der Schiedsstellen nach § 114 SGB V und der Entscheidung einer Schiedsperson gem. §§ 132a Abs. 2, 211 Abs. 4 SGB V ein. Zwar besteht insoweit ein grundlegender systemischer Zusammenhang vor allem zu dem Schlichtungsverfahren nach § 132a Abs. 2 S. 6-8 SGB V als aliud zum Schiedsamt gem. § 89 SGB V; doch bleibt in § 73b Abs. 4a S. 1 SGB V Näheres zur Ausgestaltung des Schiedsverfahrens und zu

---

116 So etwa im Rahmen des Versorgungsmanagements als Teil der hausarztzentrierten Versorgung zur Stärkung der Patientensouveränität; dazu u. a. *Pitschas*, Eingangsstatement zur Podiumsdiskussion „Patientenschutz im neuen Gesundheitssystem. Stärkt die Gesundheitsreform 2007 die verfassungsverbürgte Patientenkompetenz?", in: W. Voit (Hrsg.), Gesundheitsreform 2007. Rechtliche Bewertung und Handlungsoptionen, Baden-Baden 2008, S. 45 (48 f., 56 ff.).

den Befugnissen der Schiedsperson ungeregelt. Die Konzeption des Gesetzgebers hinsichtlich der Rolle der Schiedsperson ist damit unklar. Auch die Rechtsnatur ihres Schiedsspruches wird dadurch offengehalten.[117]

Die partielle Nachbildung des Schiedsverfahrens in § 73b Abs. 4a S. 1 SGB V zu § 132a Abs. 2 S. 6 SGB V und der funktionale Systemzusammenhang mit dem im SGB V ansonsten ausgestalteten Schiedswesen lässt jedoch erkennen, dass die „Schiedsperson" als weisungsfreier und neutraler Dritter den *Vereinbarungsinhalt* zwischen den Krankenkassen und den verhandelnden Gemeinschaften festlegen soll. Der Gesetzgeber hat damit zu Ausdruck gebracht, dass er die Schiedsperson als mit der regelnden Materie vertrautes und zu einer vermittelnden Zusammenführung der potentiell und partiell gegenläufigen Interessen berufendes Entscheidungsorgan verstanden wissen will. Diesem wird aufgegeben, eine sach- und Interessengerecht Lösung zu finden. Insoweit steht der Schiedsperson nicht nur für ihre Bewertungen und Beurteilungen eine Einschätzungsprärogative zu, sondern ihrem Wirken ist ebenfalls eine vertragsgestaltende Regelungsfunktion beigegeben.

Gleichwohl wird die Schiedsperson als eine *Verwaltungsbehörde* tätig. Die im gesamten Vertragsarztrecht eingeführten Schiedsverfahren sind ihrer Rechtsnatur nach *Verwaltungsverfahren* i. S. des § 8 SGB X.[118] Die Schiedsperson ist bei der Festlegung von Verfahrensgrundsätzen nicht frei. Auch das vom Gesetzgeber in § 73b Abs. 4 S. 2 SGB V benannte Schiedsverfahren, das die Schiedsperson der Sache nach durchführen muss, ist als ein Verwaltungsverfahren im Sinne des § 8 SGB X anzusehen. Denn es zielt auf eine „Regelung" gegenüber den Vertragsparteien einerseits, ist darüber hinaus und andererseits als Schiedsspruch zugleich von normsetzender Qualität. Damit fällt es aus dem schlichten Verwaltungshandeln heraus.

Dabei schadet nicht, dass eine einzelne natürliche „Schiedsperson" vom Gesetzgeber zur Durchführung des Schiedsverfahrens berufen wird. Denn auch die Einzelperson kann *Behörde* sein.[119] Zugleich genießt die Schiedsentscheidung *hoheitlichen Charakter*. Zwar folgen die einzelnen Aushandlungsschritte dem freiheitlichen Prinzip der Vertragsverhandlungen; doch kann von einer Vertragsfreiheit als Grundlage des Handelns der Schiedsperson nicht die Rede sein. Auch kommt es zu keiner freiwilligen Unterwerfung der Vertragsparteien unter

---

117 Vgl. *Engelmann* (Fn. 12), Rn. 50.

118 Siehe auch für das Kassenarztrecht BSGE 87, 199 (201); *Becker*, in: Becker/Kingreen (Fn. 5), § 114, Rn. 8; eine „Behörde" muss nämlich nicht *apersonal* gedacht sein, irrig daher *Kingreen/Temizel* (Fn. 12), 136; gleichfalls nicht überzeugend *Engelmann* (Fn. 12), Rn. 51: der Gesetzgeber sieht die „Schiedsperson" nicht als menschliches Wesen, sondern als einen abstrakt institutionalisierten Akteur; die von *Engelmann*, a. a. O. bezogenen *Kopp/Ramsauer*, VwVfG, 10. Aufl. 2008, § 1, Rn. 51 tragen dort zur Problemlösung nichts bei.

119 Ebenso von *Wulffen/Roos*, SGB X, Kommentar, 6. Aufl. 2008, § 1, Rn. 9: „Auch Einzelperson kann Behörde sein".

ein vertragliches Schlichtungsverfahren. Die Tätigkeit der „Schiedsperson" nach § 73b Abs. 4a S. 1 beruht ebenfalls nicht auf einer vertragsautonomen Entscheidung der Verfahrensbeteiligten, sondern auf *staatlicher Setzung*. Es handelt sich um *öffentlich-rechtlich begründete Vertragshilfe*. Die Schiedsperson wird als hoheitliches Vertragshilfeorgan im öffentlichen Interesse an der Verhinderung eines vertragslosen Zustands im Aufgabenbereich der vertragsärztlichen Versorgung ebenso wie im Interesse der Vereinbarungspartner tätig. Dadurch soll die Blockade ihrer Vertragsverhandlungen vermieden werden. Der rechtsgestaltende Akt der Konfliktlösung und Streitschlichtung erweist sich demzufolge als eine *öffentlich-rechtliche Regelung*.[120]

Inhaltliche Vertragsfestlegungen dieser Behörde („Schiedsperson") können damit nicht mehr der ärztlichen bzw. kassenseitigen Verantwortung für die hausarztzentrierte Versorgung und darüber hinaus der Einwirkung der Gemeinsamen Selbstverwaltung auf diese zugeschrieben werden. Im Ergebnis offenbart daher die Ausgestaltung des Schiedsverfahrens durch den Gesetzgeber in § 73b SGB V *Legitimationsdefizite*. Der bereits allgemein beklagte Funktionsverlust der Gemeinsamen Selbstverwaltung[121] wird erneut verstärkt. Die vom Gesetzgeber demgegenüber bevorzugte vertragssteuernde Regelungsfunktion der Schiedsperson ist jedenfalls mit dem Selbstverwaltungsgedanken im Rahmen der hausarztzentrierten Versorgung nicht zu vereinbaren.

III. Grundsätzliche Kritik an der Neufassung des § 73b SGB V

Die zwischenzeitlich an der Neufassung des § 73b SGB V geübte Kritik[122] greift die vorangehend diskutierten rechtstatsächlichen und teilweise rechtsdogmatischen Probleme selektivvertraglicher Gesundheitssicherung mehr oder weniger auf. Sie vermengt zwar sachliche Argumente mit polemischen Zuspitzungen („Zwangsmonopol" der Hausärzte), doch trifft letztlich ihre Kernaussage zu, die Neufassung sei rechts- und versorgungspolitisch nicht zielführend sowie gemeinschafts- und (verfassungs-)rechtlich bedenklich. Zusammengefasst ergeben sich die nachfolgend ausgeführten Kritiklinien.

---

120 Ebenso BVerwGE 116, 78 (82); a. A. *Engelmann* (Fn. 12) mit dem Hinweis, die Festsetzung des Vertragsinhalts stellen keinen Verwaltungsakt dar, Rn. 65. Das jedenfalls ist zutreffend; es handelt sich um öffentlich-rechtliche *Vertragshilfe*.

121 Zu den Funktionsschwächen der Gemeinsamen Selbstverwaltung siehe nur *D. Merten*, Möglichkeiten und Grenzen der Selbstverwaltung – am Beispiel des Krankenversicherungsrechts, in: Ders. (Hrsg.), Die Selbstverwaltung im Krankenversicherungsrecht, Berlin 1995, S. 11 (20 ff.); *Pitschas*, Die Modernisierung der sozialen Sicherung im Zeichen von Effektivität und Effizienz, in: H. Butzer (Hrsg.), Wirtschaftlichkeit durch Organisations- und Verfahrensrecht, Berlin 2004, S. 31 (47 ff.); *Schnapp*, FS K. Ipsen, 2000, S. 807 ff.

122 Vgl. hierzu die Nachw. in Fn. 12 sowie *Hess*, in: KassKomm (Fn. 17).

1. Eignungsdefizit der hausarztzentrierten Versorgung als Versorgungsform

In Frage steht zunächst die *Eignung* der in § 73b Abs. 1 SGB V gewählten *Versorgungsform* zur Verbesserung der Versorgungsqualität im Gesundheitssystem. Denn es ist unklar, unter welchen Voraussetzungen hausärztliche Versorgungsmodelle überhaupt wirken. Einen signifikanten Nutzen der bislang abgeschlossenen Hausarztverträge haben wissenschaftliche Untersuchungen bislang nicht erweisen können.[123] Das ist auch nicht weiter erstaunlich. Nach der Vorstellung des Gesetzgebers sollen Selektivverträge nicht im Sinne eines Such- und Entdeckungsprozesses adäquate Organisationsformen hausarztzentrierter Versorgung entwickeln, sondern es geht objektiv schlicht darum, mit der Benennung von „Gemeinschaften" statt der KV'en einen Kollektivvertragspartner durch einen anderen zu ersetzen.[124] Insofern zeigt der eingangs gegebene Rückblick auf die Entwicklungsgeschichte des § 73b SGB V,[125] dass augenscheinlich die darin vom Gesetzgeber vorgeschriebene Form der Organisation von Versorgung deren Qualität und Wirtschaftlichkeit nicht *signifikant* verbessert hat. In der Versorgungswissenschaft wird daher die jetzige Fassung des § 73b SGB V als „ein eklatanter Schritt in die falsche Richtung" bezeichnet.[126]

Dem korrespondiert, dass aus empirischer Perspektive in den bisher abgeschlossenen Verträgen zur hausarztzentrierten Versorgung *Vergütungsregelungen* im Mittelpunkt stehen. Diese sehen überwiegend die Zahlung von *Pauschalen* vor, die kassenseitig völlig unabhängig davon gewährt werden, welche Leistungen ein Hausarzt tatsächlich für den einzelnen Patienten in der erforderlichen Qualität (§ 73 b Abs. 1 SGB V: „*besondere* hausärztliche Versorgung") erbringt.[127] Mehr noch: Die Zahlung der Pauschalen wird vertragsseitig verschiedentlich in einen Zusammenhang mit der Codierung gerückt, die von den Hausärzten im Hinblick auf die Anforderungen des neugefassten und morbiditätsorientierten Risikostrukturausgleichs zu erbringen ist. Darin dürfte eine der vom Gesetzgeber mit der Ergänzung des Kollektiv- durch das Selektivvertragssystem nicht beabsichtigten Nebenwirkungen liegen.

Im Übrigen sollen die Verträge aus der bereinigten Gesamtvergütung gegenfinanziert werden, d. h. durch Abzüge an der allgemeinen Honorarverteilung für alle Hausärzte, was aber nicht durchgehend geschieht.

---

123 So zutr. Techniker Krankenkasse (Fn. 95), S. 13; *Wasem*, Wie sich Versorgungsqualität optimieren lässt?, in: AOK (Hrsg.), Wettbewerb für Patienten – Mit selektiven Verträgen Versorgungsqualität gestalten, Berlin 2008, S. 63 (68).

124 Ebenso *Wasem* (Fn. 123), S. 68.

125 Vgl. oben im Text zu A.

126 *Wasem* (Fn. 123), S. 68.

127 Dazu bereits oben im Text bei B. II. 1 d).

2. *Mangelnde Zwecktauglichkeit (Kohärenz) der gesetzgeberischen Regelung*

Darüber hinaus erweist sich die Festlegung des Gesetzgebers in § 73b Abs. 4 S. 1 SGB V auf „Gemeinschaften ..., die mindestens die Hälfte der an der hausärztlichen Versorgung teilnehmenden Allgemeinärzte des Bezirks der Kassenärztlichen Vereinigung vertreten", als eine verfassungsrechtlich relevante *strukturelle Fehlentscheidung*. Denn unabhängig von der zuvor behandelten Eignung der Versorgungsform stellt sich das Problem der *Effektivität* der gesetzlichen Anordnung i. S. der Zwecktauglichkeit einer Auswahl von „Gemeinschaften" als Partner künftiger Vertragsabreden.[128] Ferner bleibt die Frage nach der *Implementationstauglichkeit* dieser Regelung offen.[129] Antworten hierauf erweisen – wie nachfolgend belegt wird – die Inkohärenz des mit § 73b Abs. 4 SGB V gewählten Steuerungsansatzes.

a) Untauglichkeit der Zwecksetzung

Jede gesetzliche Regelung ist dem *Effektivitätsgrundsatz* unterworfen. Er steht als Handlungsmaßstab neben dem Effizienzprinzip und er stellt im Besonderen auf die Zweckerreichung durch das Handeln der Normadressaten ab. Dementsprechend wird in rechtlicher Ausdeutung unter „Effektivität" der Grad der Ziel- bzw. Zweckerreichung verstanden, also das Ausmaß, in dem gesetzgeberische Zwecke und Ziele durch entsprechende Maßnahmen realisiert werden (können). Die Antwort auf die Frage nach der Effektivität des gesetzgeberischen Handelns enthält somit eine Aussage bzw. ein Urteil über dessen Ziel- und Zwecktauglichkeit.[130]

Dem liegt die Notwendigkeit entsprechender Ausrichtung der durch den Gesetzgeber in seine normative Entscheidung aufgenommenen (organisationspolitischen) Anordnungen zugrunde. Auch die von ihm in § 73b Abs. 4 S. 1 SGB V aufgegebene „flächendeckende Sicherstellung" des Angebots hausarztzentrierter Versorgung müsste durch Verträge mit Gemeinschaften[131] oder (nachrangig) mit anderen Vertragspartnern *tatsächlich* erreichbar bzw. wirksam umsetzbar sein.

---

128 Vgl. *Walter* (Fn. 4), 309 f.; vgl. auch EuGH, Urt. v. 10.03.2009, EuZW 2009, 298 Rn. 55: „Eine nationale Regelung (ist) nur (...) geeignet (...), wenn sie tatsächlich dem Anliegen gerecht wird, es in kohärenter und systematischer Weise zu erreichen.

129 In der Mehrzahl der Anwendungsfälle bedarf es vielmehr der „Nothilfe" durch einen Dritten, die „Schiedsperson": So gesehen, stellt § 73b Abs. 4 S. 1 und 2 SGB V eine *irreführende Kompetenzzuweisungsnorm* dar: den Inhalt des Selektivvertrags verabreden in der Realität nicht die Vertragspartner, sondern ihn legt fest („entscheidet") die Schiedsperson.

130 *Pitschas*, Maßstäbe des Verwaltungshandelns, in: Hoffmann-Riem/Schmidt-Aßmann/Voßkuhle (Hrsg.), Grundlagen des Verwaltungsrechts, Bd. II, 2008, § 42, Rn. 157 ff., 163 ff., 168 ff.; *Wallerath*, Allgemeines Verwaltungsrecht, 6. Aufl., Berlin 2009, § 2, Rn. 29, 34; § 7, Rn. 26 f.

131 Dazu nochmals *Walter* (Fn. 4), 309 ff.

Das ist aber nicht der Fall. Die Wirksamkeit des § 73b Abs. 4 S. 1 und 2 SGB V SGB V wird einerseits an die Verhandlungs- und Durchsetzungsbereitschaft bzw. -fähigkeit von „Gemeinschaften“ der an der hausärztlichen Versorgung teilnehmenden Allgemeinärzte, bei ausbleibendem Erfolg nachrangig und andererseits an die Bereitschaft weiterer Vertragspartner (i. S. des § 73b Abs. 4 S. 3) angeknüpft. Diese gesetzgeberische Konzeption enthält keine die „Praktikabilität“ und „Wirksamkeit“ der Normanwendung gewährleistende Tatbestandsklarheit und Regelungsanordnung.

Überdies ist keine zieltaugliche gesetzgeberische Ausgestaltung des mit dem Privatisierungsauftrags der hausarztzentrierten Versorgung latent vorausgesetzten Wettbewerbs zwischen Kollektiv- und Selektivvertragssystem erkennbar, wodurch Lenkungs- und Kontrollverluste zu erwarten sind – ganz abgesehen davon, dass privatrechtlich organisierten Interessengruppen von Berufsangehörigen („Gemeinschaften“) unter Berufung auf ein Versorgungsziel ein Vorrang vor anderen gleich qualifizierten Teilnehmern an der hausärztlichen Versorgung (§ 73 Abs. 1a SGB V) ohne sachlich im Gesetz verankerte Differenzierung eingeräumt wird.

b) Fehlende Vollzugseffektivität

Eng verknüpft mit der Zwecktauglichkeit der gesetzgeberischen Entscheidung ist die Frage nach der *Vollzugseffektivität* des §§ 73b Abs. 4, 4a SGB V: Zwischen dem normativen Befehl der für Kassen und ärztliche Leistungserbringer materiell pflichtbegründenden Norm und der auf Durchsetzung angelegten Vorgehensmaßgabe des Gesetzgebers in der Praxis darf kein Widerspruch bestehen.[132] Das ist jedoch mit Blick auf § 73b SGB V der Fall. Der angestrebte Zweck des Gesetzgebers, den Versicherten eine besondere hausärztliche Versorgung anzubieten, ist objektiv nicht erreichbar. Denn es kommt stattdessen – wie zuvor ausgeführt – zu einer Zersplitterung der „Vertragslandschaft“ und zur Gefährdung gleichartiger Gesundheitsversorgung sowie zu weiteren Vollzugsdefiziten in der Konkretisierung des Gesetzes durch Kassen und ärztliche Leistungserbringer. Zwischen objektivem Gesetzeszweck und seiner Implementation besteht Inkongruenz.

132 BVerfGE 84, 239; 110, 94; vgl. ferner noch die Nachw. unten in Fn. 176 ff.

Zweiter Teil: Verfassungs- und gemeinschaftsrechtliche Grenzen gesetzgeberischer Entwicklung hausarztzentrierter Versorgung

C. Verfassungs- und gemeinschaftsrechtliche Eckpunkte des Vertragswettbewerbs

I. Zwischenbilanz zum Problembefund

Der skizzierte Problembefund zur hausarztzentrierten Versorgung verweist auf eine Reihe unabweisbarer verfassungs- und gemeinschaftsrechtlicher Fragen nach dem künftigen Bestand der gesetzlichen Regelungen des § 73b SGB V. Deren Ausgangspunkt ist der dargestellte Vertragswettbewerb im Gesundheitswesen.[133] Er gehört nunmehr zu den prägenden Merkmalen dessen gesetzlicher Ausgestaltung und realen Verfasstheit. Ebenso wie im Verhältnis der Versicherten zu ihrer Krankenkasse, spielt er sich auch zwischen den Krankenkassen einerseits und bei den Leistungserbringern andererseits ab; hierbei geht es um die Versicherten.

Eine besondere Bedeutung erhält in diesem wettbewerblichen Gefüge der *Vertragswettbewerb* als Angebot und Nachfrage nach Versorgungsverträgen zwischen Kassen und Leistungserbringern in Gestalt von Direkt- bzw. Selektivverträgen einerseits, als Wettbewerb der Kassen untereinander, der über integrative Direktverträge zur Sicherstellung sektorenübergreifender Versorgung bzw. solcher der besonderen hausärztlichen Versorgung gem. § 73b SGB V andererseits geführt wird. Eine rechtliche Ordnung dieser Wettbewerbsbeziehungen in dem Sinne, dass zwischen Kollektivvertrags- und Selektivvertragssystem sowie innerhalb des Kollektivvertragssystems sinnvoll der Wettbewerb organisiert ist, existiert jedoch nicht. Nicht zuletzt deshalb verfließt in einer Arena des Vertragswettbewerbs ohne durchgängige Mitwirkung der KV'en die Nutzung der jeweiligen Vertragstypen mehr und mehr ineinander. Somit bedarf es der Klärung, wie innerhalb des Kollektivvertragssystems und zwischen diesem und dem Selektivvertragssystem der Wettbewerb jenseits der vom Gesetzgeber mit der Neufassung des § 73b Abs. 4 und 4a SGB V getroffenen organisations- und wettbewerbspolitischen Fehlentscheidungen zu gestalten ist.

Die derzeitige Gesetzgebung lässt ungeachtet ihrer Verpflichtung auf die Entwicklung eines *funktionsfähigen Wettbewerbs* bei der Ergänzung der Kollektivverträge durch Direkt- bzw. Selektivverträge nicht nur die erforderliche Fähigkeit zum Management des entsprechenden Vertragswettbewerbs außer acht, sondern es fehlt ebenso die Einrichtung einer neutralen Koordinationsinstanz,

133 Vgl. den Ersten Teil der Untersuchung, Teile A und B.

die konfligierende Gruppeninteressen in Gemeinwohlvorstellungen überführen könnte. Schließlich gehören auch die Publizität der Selektivverträge und die Transparenz des Vertragsgeschehens zu den grundsätzlichen Bedingungen eines störungsfreien Ergänzungsverhältnisses zwischen Kollektiv- und Direktverträgen.

Damit steht die Eignung der hausarztzentrierten Versorgung als einschlägiger Versorgungsform zur Verbesserung der Versorgungsqualität in Frage. Auch wecken die beschriebene strukturelle Zweckuntauglichkeit und die Vollzugsdefizite des vom Gesetzgeber eingeführten Vertragswettbewerbs den Verdacht, dass er die *verfassungsrechtlichen Grundbedingungen* hierfür vernachlässigt hat.

II. Verfassungs- und Gemeinschaftsrecht als Maßstab und Grenze der vertraglichen Normkonkretisierung

Dem *(Verfassungs-)Recht* und dem *Gemeinschaftsrecht* kommen in diesem Zusammenhang die Funktion zu, die Gehalte der Vertragskonzeption im Gesundheitswesen zu präzisieren und dem vom Gesetzgeber bevorzugten Entwicklungskonzept für die hausarztzentrierte Versorgung Leitlinie und Rahmen zu geben. Es hält zu diesem Zweck ebenso rechtliche Strukturvorgaben i. S. einer „Bereitstellungsfunktion des Rechts“[134] vor, wie es auch die Grenzen der vertraglichen Konkretisierung von Rechtsnormen selbst festzulegen vermag.

1. Verfassungs- und gemeinschaftsrechtlicher Problemhorizont

Diese *Steuerungsfunktion* des Verfassungs- und Gemeinschaftsrechts darf weder überstrapaziert werden, noch sollte man sie trotz der im Ergebnis der Prüfung kaum durchschlagenden *gesetzgebungskompetenziellen* Bedenken gegenüber der hausarztzentrierten Versorgung von vorneherein als gering einschätzen. Denn schon der Systemwandel zum Vertragswettbewerb im Gesundheitssektor wirft an sich eine Reihe verfassungsrechtlicher Fragen nach seiner *sachgerechten* normativen Ausgestaltung auf. Gleiches gilt für das strukturelle Vollzugsdefizit des „neuen“ § 73b SGB V und die darin eingelagerten Grundrechtsbeeinträchtigungen aufgrund des nicht willkürfreien Gruppenzuschnitts von „Gemeinschaften“. Darüber hinaus steht die Verhältnismäßigkeit (Eignung) der Regelung zur hausarztzentrierten Versorgung im Streit. Schließlich droht in der Diskussion um die Reichweite wettbewerbsrechtlicher Vertragsordnung die Funktion des Grundgesetzes als Fundament einer *öffentlich-rechtlichen Wettbewerbsordnung* in Vergessenheit zu geraten. Unter ihrem Einfluss und vor dem Hintergrund der Vorrangwirkung des Gemeinschaftsrechts ist die Regelung des § 69 Abs. 2 S. 2

---

134 Zu dieser Funktion des Recht siehe statt anderer *Schuppert*, Verwaltungswissenschaft, Baden-Baden 2000, S. 480 ff., 507 ff., 976 f.

SGB V hinsichtlich der Verträge von Krankenkassen oder deren Verbänden mit Leistungserbringern, zu deren Abschluss die Krankenkassen oder deren Verbände gesetzlich verpflichtet sind und bei deren Nichtzustandekommen eine Schiedsregelung gilt – wie in § 73b Abs. 4 S. 1, Abs. 4a SGB V vorgesehen – nachrangig.

Das *Gemeinschaftsrecht* überformt zudem vermittels seiner beihilfe- und vergaberechtlichen Bestimmungen[135] den nationalen Freiheits- und Wettbewerbsschutz zugunsten eines „fairen" Vertragswettbewerbs durch seine Einflussnahme u. a. auf den Abschluss von Rahmenverträgen zur hausarztzentrierten Versorgung, soweit sie im Gesamtvolumen Entgeltzuordnungen oberhalb der vergaberechtlichen Schwellenwerte vorsehen. Sollten dagegen die Ausschreibungen nach § 73b SGB V nicht vom Anwendungsbereich der § 97 ff. GWB umfasst werden, so könnten diese als sozialrechtliches Ausschreibeverfahren eigener Art anzusehen sein, für das unmittelbar die Grundrechte als wettbewerbsordnende Strukturmaßgaben der vertraglichen Normenkonkretisierung zu beachten wären.[136]

2. Gestaltungs- und Entwicklungsspielraum des Gesetzgebers für das Konzept des Vertragswettbewerbs

Allerdings verfügt der nationale Gesetzgeber in der Krankenversicherung über einen weiten Experimentierspielraum, um die konkurrierenden Zielvorstellungen auf der Grundlage von Eigenverantwortung und Solidarität, individueller Vertragsfreiheit und Gemeinwohlbindung, Wettbewerb und sozialer Gerechtigkeit in ein zukunftsoffenes Arrangement der Gesundheitsversorgung für alle Bürger zu übertragen. Das Grundgesetz schützt die einzelnen Sicherungssysteme und auch die GKV in ihrer jeweiligen Gestalt nicht gesondert und spezifisch.[137] Es enthält daher auch für den Gesundheitssektor keine einfachen Regelungen für einfache Antworten.

Demzufolge bleiben für die vertragliche Konkretisierung von Rechtsnormen auf der Grundlage der eingangs der Expertise benannten Gesetzgebung erst noch jene verfassungsrechtlichen Verbürgungen im *Grundrechtsschutz* aufzuspüren, die für die vom Gesetzgeber gewählte Vertragskonzeption wirksam werden. Da-

135 Dazu *U. Becker*, EU-Beihilfenrecht und soziale Dienstleistungen, NZS 2007, 169 ff.; *Schlegel*, Sozialversicherung unter europäischem Einfluss, in: Bender/Eicher (Hrsg.), Sozialrecht – eine Terra incognita. Festschrift 50 Jahre saarländische Sozialgerichtsbarkeit, Saarbrücken 2009, S. 3 ff.; *ders.*, Europäisches und internationales Recht, in: E.-W. Luthe (Hrsg.), Rehabilitationsrecht, Berlin 2009, Kap. D, Rz. 39 ff., 55 ff., 65 ff.

136 Vgl. *Engelmann* (Fn. 12), Rn. 41; *Orlowski* (Fn. 12), 130.

137 *R. Jaeger*, Welches System der gesetzlichen Krankenversicherung wird durch das Grundgesetz geschützt?, in: Empter/Sodan (Hrsg.), Markt und Regulierung, 2003, S. 15 (15 f., 21 f.); *Schmidt-Aßmann*, NJW 2004, 1689 ff.

bei kommen als Grundrechte neben dem Gleichheitssatz des Art. 3 Abs. 1 GG vor allem die allgemeine Handlungs- und Wettbewerbsfreiheit nach Art. 2 Abs. 1 GG in Verbindung mit dem Rechtsstaatsprinzip, die negative Beitrittsfreiheit nach Art. 9 Abs. 1 GG sowie die Berufsfreiheit gem. Art. 12 GG in Verbindung mit dem Gleichheitssatz und der Staatszielbestimmung des „sozialen Rechtsstaates" in Betracht.

Vor allem auf dem dynamisch verstandenen Sozialstaatsprinzip gründet der bereits als „weit" apostrophierte Gestaltungsspielraum des Gesetzgebers. Er umschließt selbst einen Systemwandel im Vertragsarztrecht bzw. in der GKV.[138] Ein spezifisches „Systemwahrungsgebot" des Grundgesetzes existiert demgegenüber nicht.[139] Allerdings müssen für den Wandel – wie er im *Ersten Teil* der Untersuchung im Einzelnen dargelegt worden ist – zureichende Gründe angegeben werden; auch die gewählten Gestaltungsoptionen müssen in sich grundrechtsfest sowie erforderlich und geeignet sein. Die Umstellung darf ferner nicht mit unverhältnismäßigen Einbußen für Versicherte und Dritte – wie z. B. die Hausarztinternisten – einhergehen.

Im Übrigen aber legt die Verfassungsrechtsprechung der Optionenwahl des Gesetzgebers, mag diese auch – wie unter dem GKV-WSG und nach dem GKV-OrgWG – in einem dynamischen Veränderungsprozess zu neuen Regulierungen im Vertragswettbewerb führen, keinen eigenständigen Prüfungsmaßstab der „Systemgerechtigkeit" zugrunde.[140] Insoweit geht es allenfalls um die Sachgerechtigkeit und Kohärenz von Grenzziehungen auch bei einem Systemwandel. Dies gilt pars pro toto für die Vertragskonzeption sozialstaatlicher Modernisierungspolitik im Gesundheitssektor.

3. Zulässige Normkonkretisierung durch vertragliche Abreden

Diese bleibt in ihrer Grundfunktion und auch mit Bezug auf die hausarztzentrierte Versorgung dem Regulierungskonzept des Gesetzgebers, wie es im Gesundheitssektor seit einer Reihe von Jahren die Leistungskonkretisierung auf untergesetzlicher Ebene bestimmt,[141] eingefügt. Aufgrund des rechtsstaatlichen und in § 31 SGB I verankerten Vorbehalt des Gesetzes dürfen aber Rechte und Pflichten auch in der GKV *vertraglich* nur begründet, festgestellt, geändert oder aufgehoben werden, soweit ein *Gesetz* dies vorschreibt oder zulässt.

Es ist also Sache des Parlamentsgesetzgebers, die Leistungsansprüche Versicherter nach Maßgabe seines demokratischen Gestaltungswillens in Art und

138 Vgl. *Pitschas* (Fn. 6), S. 135.

139 *H.-J. Papier*, Der Einfluss des Verfassungsrechts auf das Sozialrecht, in: v. Maydell/Ruland/Becker (Hrsg.), Sozialrechtshandbuch (SRH), 4. Aufl. 2008, Rn. 94; *R. Jaeger*, NZS 2003, 225 (227).

140 BVerfGE 62, 354 (360 ff.); *U. Becker*, FS 50 Jahre BSG, 2004, S. 77 (86 ff., 90 ff.).

141 Vgl. oben im Text zu A. I. und II.

Umfang abstrakt-generell festzulegen. Im *Gesundheitsrecht* hat er sich dabei auf einen allgemeinen Leistungskatalog beschränkt. Er verwendet zur Leistungsbeschreibung ausfüllungs- und konkretisierungsbedürftige Begriffe wie etwa bei dem Anspruch auf „ärztliche Versorgung". Sämtliche Ansprüche, auch solche, die vertraglich konkretisiert werden, stehen unter dem Vorbehalt, dass die Leistungen „ausreichend und zweckmäßig" sowie „wirtschaftlich" sind; sie dürfen das „Maß des Notwendigen nicht übersteigen" (§ 12 Abs. 1 SGB V).

Diese Maßgaben binden die erforderlichen Konkretisierungen auf der *vertraglichen Ebene*. Dies gilt auch für die Verträge nach § 73b Abs. 4 SGB V.[142] Entsprechende Festlegungen darin dürfen weder gegen die Maßstäblichkeit des SGB V noch gegen andere Rechtsvorschriften verstoßen. Gleiches gilt übrigens für die Konkretisierung der Leistungsansprüche Versicherter auf tatsächlicher Ebene durch das Handeln von Kassen, Haus- bzw. Gebietsärzten oder anderen Leistungserbringern.

Das *BVerfG* sieht die vertragliche Leistungskonkretisierung durch die einzelnen Leistungserbringer unter diesen Voraussetzungen als verfassungsrechtlich zulässig an.[143] Gleichwohl unterliegen vertragliche Festlegungen zu bestimmten Rechtsbegriffen grundsätzlich der uneingeschränkten richterlichen Nachprüfung. Denn nur auf diese Weise kann das verfassungsrechtliche Gebot der Gewährung effektiven Rechtschutzes (Art. 19 Abs. 4 GG) erfüllt werden. Die im GKV-WSG vorgenommene Unterstellung einzel- und kollektivvertraglicher Absprachen unter die gerichtliche Wettbewerbskontrolle (§ 69 Abs. 2 S. 1 SGB V)[144] war deshalb überfällig; ihre noch verbliebenen gesetzlichen Einschränkungen sind dagegen *verfassungs- und gemeinschaftsrechtlich* fragwürdig.

III. Verfassungsrechtlicher Kompetenzrahmen hausarztzentrierter Versorgung gem. § 73b SGB V

1. Gesetzgebungszuständigkeit für das Vertragsarztwesen

Die Gesetzgebungszuständigkeit des Bundes für die gegenwärtige Ausgestaltung des § 73b SGB V ist zu bejahen. Entscheidend hierfür sind Reichweite und Bestimmungsmerkmale des Art. 74 Abs. 1 Nr. 12 GG: Heute dürfte allgemeine Auffassung sein, dass sich die auf Art. 74 Abs. 1 Nr. 12 GG gegründete Sozialversicherungskompetenz in ihrem „Bild", moderne Entwicklungen im Vertragsarztrecht aufzunehmen,[145] auch dem gelenkten Vertragswettbewerb öffnet. Die

142 Vgl. § 73 Abs. 5 S. 4 SGB V; auf die andernfalls gegebenen verfassungsrechtlichen Bedenken verweist zutr. KassKomm/*Hess* (Fn. 17), RdNr. 29.

143 BVerfGE 115, 25 (45 f.).

144 *Becker/Kingreen*, in: Dies. (Fn. 5), § 69, Rn. 19, 40 ff.

145 Zum „verfassungsrechtlichen Gattungsbegriff" der Sozialversicherung siehe vor allem BVerfGE 75, 108 (148 f.); zu deren „Offenheit" für Veränderungen vgl. im Übrigen de-

dadurch ermöglichte verfassungskompetenzielle Reichweite der Vorschrift setzt den Bundesgesetzgeber in den Stand, eine alternative Ausgestaltung der Kassenärztlichen Vereinigungen organisationsrechtlich anzusteuern.[146] Selbst die Einrichtung einer parallelen ärztlichen Selbstverwaltung durch die Konstruktion einer „zweiten KV" oder einer „Public Private Partnership" mit der KV – z. B. in Gestalt der Inanspruchnahme von Notfall- und Bereitschaftsdiensten bzw. im Fall von Praxisvertretungen – erscheint verfassungsrechtlich zulässig, wenn auch hiergegen systematische bzw. rechtstatsächliche Bedenken bestehen.[147]

2. *Zuständigkeitskonkurrenz zwischen Bund und Ländern*

a) Abgrenzung der bundesverfassungsrechtlichen Sozialversicherungskompetenz von der beruflichen Rechtsetzungszuständigkeit der Bundesländer

Das entscheidende Zuständigkeitsproblem liegt allerdings in der (verfassungsrechtlich zulässigen) Überlagerung der Bundeskompetenz aus Art. 74 Abs. 1 Nr. 12 GG durch die *berufsrechtlichen Rechtsetzungszuständigkeiten* der Bundesländer.[148] Das insoweit zu betretende kompetenzrechtliche Feld ist allerdings durch die Rechtsprechung des BVerfG vorgeklärt;[149] Einwirkungen des Sozialversicherungsrechts und damit des Bundes durch seine Gesetzgebung auf die eigentlich dem *Berufsrecht* vorbehaltenen Regulierungsfelder sind jedenfalls dann zulässig, wenn sie die sozialversicherungsrechtliche Regulierungstendenz unabdingbar machen sollte.[150] Von der Zielsetzung der Regelung in § 73b SGB V her gesehen, liegt für sie ein solcher Fall der *integrierenden Gesetzgebungskompetenz* vor. Namentlich die in § 73b Abs. 4 SGB V enthaltene „Vorrangregulierung" für Gemeinschaften von Hausärzten kann deshalb ungeachtet berufsrechtlicher Ausstrahlung bzw. Konkurrenz verfassungsrechtlich Bestand haben. Ich sehe insoweit keine Kompetenzverletzung durch den Bund.

b) Immanente Kompetenzschranken?

Zu guter Letzt bleibt die Frage nach der Existenz immanenter Kompetenzschranken auf Seiten des Bundes aufzuwerfen.[151] Solche könnten auf dem ver-

---

tailliert *Schenkel*, Sozialversicherung und Grundgesetz, Berlin 2008, S. 56 ff. m. zahlr. Rechtsprechungsnachweisen.

146 Das Grundgesetz schreibt die Organisation der Sozialversicherung im Einzelnen nicht vor, vgl. BVerfGE 39, 302 (377); 63, 1 (34); BSGE 58, 134 (141).

147 Dazu oben im Ersten Teil der Untersuchung, B. II. 3.

148 Näher hierzu *Rixen*, VSSR 2007, 213 (216 ff.).

149 BVerfGE 71, 162 (171 f.).

150 Vgl. *Rixen* (Fn. 148), 216 ff.

151 Z. B. aus der Residualkompetenz der Bundesländer zur Entwicklung eigenständiger Strukturen sozialer Sicherung, vgl. *Merten/Pitschas*, Sozialverwaltung im Reformpro-

fassungsrechtlichen *Gebot der Bundestreue* in Gestalt einer Verpflichtung des Bundes gründen, prinzipielle Umgestaltungen der Selbstverwaltungsaufgaben im Vertragsarztrecht bzw. der Umgestaltung des vertragsarztrechtlichen Systems nur gemeinsam mit den Bundesländern anzugehen. Das Gebot der Bundestreue setzt insofern ein spezifisch *kompetenzielles Übermaßverbot* der berufsrechtlichen Regulierung als Annex zu den sozialversicherungsrechtlichen Regulierungsschritten frei. Doch wird vorliegenden Falls diese verfassungsrechtlich immanente Kompetenzschranke nicht aktiviert. Es bleibt deshalb bei der eigenständigen Gesetzgebungszuständigkeit des Bundes namentlich für die Regelung des § 73b Abs. 4 SGB V.

---

zess, Berlin 1997, S. 27 f.; siehe ferner *Bauer*, in: Dreier (Hrsg.), GG, Kommentar, 2. Aufl. 2006, Art. 20 (Bundesstaat), Rn. 40, 43 zum Gebot der Bundestreue.

D. Grundrechtsschutz von Versicherten und der in § 73b SGB V nachrangig berücksichtigten vertragsärztlichen Leistungserbringer, die an der allgemeinen hausärztlichen Versorgung nach § 73 Abs. 1a SGB V teilnehmen

Seine gesetzgeberische Ausgestaltung verstößt allerdings (partiell) gegen *materielles Verfassungsrecht*. Durch die in § 73b Abs. 4 SGB V gesetzlich festgeschriebene Bevorzugung ausgewählter Hausärzte kommt es zu einer Verletzung der Berufsfreiheitsgarantie (Art. 12 Abs. 1 GG) in Verbindung mit dem allgemeinen Gleichheitssatz (Art. 3 Abs. 1 GG) zu Lasten anderer Hausärzte. Ebenfalls wird das Verhältnismäßigkeitsprinzip als rechtsstaatlicher Grundsatz (Art. 20 Abs. 1, 28 Abs. 1 GG) verletzt. Darüber hinaus verstößt § 73b Abs. 4 SGB V gegen das aus dem Rechtsstaatsprinzip in Verbindung mit Art. 3 Abs. 1 GG folgende verfassungsrechtliche Gebot der Kohärenz. Weitere Ansatzpunkte bieten für die Versicherten das Grundrecht auf allgemeine Handlungsfreiheit (Art. 2 Abs. 1 GG) sowie das Gesundheitswettbewerbsrecht.[152]

Auf gemeinschaftsrechtlicher Ebene stellt vor allem die Zuordnung von Vorzugsrechten an einzelne Gruppierungen von Hausärzten eine ggf. unzulässige Beihilfe dar. Diese wird im Zusammenhang des Vergaberechts von einer rechtswidrigen Einschränkung der Ausschreibungspflicht in § 73b Abs. 4 S. 1 unter Verbindung mit S. 5 SGB V begleitet, soweit nämlich „Gemeinschaften" (a. a. O., S. 1) vorrangige Vertragspartner sein sollen.

I. Fehlender Grundrechtsschutz der Kassenärztlichen Vereinigungen

Vorab ist allerdings zu diesem Themenkreis zu bemerken, dass wir es auf der Seite der Rechtsbetroffenen mit einer eingeschränkten *Grundrechtsträgerschaft* zu tun haben. Die KBV bzw. die Kassenärztlichen Vereinigungen in den Bundesländern genießen keinerlei Grundrechtsschutz.[153] Es macht wenig Sinn, dagegen zu argumentieren. Versuche dieserhalb werden immer wieder unternommen, doch hat das BVerfG in mehreren jüngeren Entscheidungen zu verstehen

---

152 Zu letzterem vgl. u. a. *U. Becker*, Verfassungsrechtliche Bindungen der Krankenkassen bei Kooperationsvereinbarungen, in: W. Voit (Hrsg.), Gesundheitsreform 2007, Baden-Baden 2008, S. 136 (145 ff.); *Kingreen*, GesR 2006, 193 (196); *Pitschas*, ZSR 46 (2000), 475 (481 f., 483 ff.); *ders.*, Verfassungs- und sozialrechtliche Bewertung der Regelung des GKV-Wettbewerbsstärkungsgesetzes, in: Ders. (Hrsg.), Gesetzliche Krankenversicherung und Wettbewerb, Frankfurt a. M. 2008, S. 109 (134 ff., 137 f., 138 ff.).

153 BVerfGE 68, 193 (205 ff.); Beschl. Zweite Kammer des Ersten Senats des BVerfG v. 23.01.1997 – 1 BvR 1317/86 –; aus der Literatur vgl. *Papier*, FS Ruland, 2007, S. 455 (470).

gegeben, dass die Grundrechte sich solchen institutionellen Aufladungen in der Schutzgewähr nicht öffnen werden.[154]

II. Art. 2 Abs. 1 GG in Verbindung mit Art. 1 Abs. 1 GG und dem grundgesetzlichen Sozialstaatsprinzip

Deshalb bleibt unter dem Aspekt des materiellen Grundrechtsschutzes zunächst *Art. 2 Abs. 1 GG* in Verbindung mit dem grundgesetzlichen *Sozialstaatsprinzip* zu beachten. Der Schutz der allgemeinen Handlungsfreiheit durch das Grundgesetz tritt zwar hinter dem hier gleichfalls einschlägigen Grundrechtsschutz nach Art. 12 Abs. 1 GG in Verbindung mit Art. 3 Abs. 1 GG zurück.[155] Gleichwohl kommt eine Prüfung in Betracht, wenn man – wie hier – der Auffassung folgt, Art. 2 Abs. 1 GG finde mit dem Schutz der *Wirtschaftsfreiheit* oder auch im Hinblick auf das *öffentlich-rechtliche Sozialversicherungsverhältnis* einen jeweils selbständigen Gewährleistungsbereich.[156]

Für das Vertragsarztrecht hat freilich das BVerfG diese an sich verfassungsrechtlich zulässige Gewährleistungsgesamtheit der Berufsfreiheit mit der allgemeinen Handlungsfreiheit für die Leistungserbringer (Ärzte) nicht bzw. nicht durchgängig bejaht.[157] Es bleibt deshalb insoweit bei der *Subsidiarität* dieser Grundrechtsvorschrift, jedenfalls solange man die an der allgemeinen hausärztlichen Versorgung nach § 73 Abs. 1a SGB V teilnehmenden Berufsgruppen in den Vordergrund der Prüfung einer Grundrechtsverletzung auf ihrer Seite rückt. Wählt man dagegen den *Versicherten* als das von der Regelung in § 73b Abs. 3 SGB V betroffene Grundrechtssubjekt, könnte man in der Tat den durch die Einschreibung als Hausarzt bei einer Gemeinschaft bzw. anderen institutionellen Einrichtung in der besonderen hausärztlichen Versorgung mitschwingenden Ausschluss anderer Versicherter/Patienten als Angehörige anderer Kassen[158] als Verletzung des Wahlrechts durch Versicherte/Patienten einordnen. Jedenfalls hat das BVerfG diese verfassungsrechtliche Einschätzung im Hinblick auf die gesetzliche Krankenversicherung erkennen lassen.[159] In diesem Fall läge eine Verletzung des Art. 2 Abs. 1 GG vor.

---

154 Nachw. bei *Kluth*, Funktionale Selbstverwaltung, 1997, S. 391 ff.

155 BVerfGE 70, 1 (32); 71, 183 (201); 105, 252 (279); 115, 166 (189).

156 Vgl. in Bezug auf die „Wirtschaftsfreiheit" BVerfGE 70, 1 (25 f.); 91, 207 (221); 98, 218 (259); 113, 29 (49) einerseits, in Bezug auf die „Sozialversicherungsverhältnisse" BVerfGE 75, 108 (154); 106, 275 (304); 115, 25 (42) andererseits.

157 BVerfGE 106, 275 (298); BVerfG (Kammer), Beschl. v. 17.08.2004 – 1 BvR 378/00 –, NZS 2005, 144 ff.

158 Dazu schon oben im Text bei B. II. 1.; unter dem Gesichtspunkt des Art. 3 GG vgl. auch KassKomm/*Hess* (Fn. 17), RdNr. 8 a. E.

159 BVerfGE 115, 25 (42, 43).

Aus der Perspektive des Grundrechtsschutzes für durch den Gesetzgeber nur nachrangig berücksichtigte vertragsärztliche Leistungserbringer (§ 73b Abs. 4 SGB V) ist dagegen Art. 2 Abs. 1 GG nicht einschlägig.

III. Materieller Grundrechtsschutz durch die negative Vereinigungsfreiheit (Art. 9 Abs. 1 GG)

Art. 9 GG schützt auch die *negative Vereinigungsfreiheit.*[160] Zwar handelt es sich bei der „Vertretung" von an der hausärztlichen Versorgung teilnehmenden Allgemeinärzten durch „Gemeinschaften" i. S. des § 73b Abs. 4 S. 1 SGB V nicht um den Fall einer Pflichtmitgliedschaft in privatrechtlichen Vereinigungen, die der Gesetzgeber angeordnet hat.[161] Da aber den in § 73b Abs. 4 SGB V angesprochenen Gemeinschaften eine Sonderstellung zukommt, insofern nur die Mitgliedschaft darin eine über § 73a Abs. 1a SGB V hinausgehende privilegierte Mitwirkung an der besonderen hausärztlichen Versorgung ermöglicht, scheint mir doch ein Verstoß gegen die *negative* Vereinigungs- und Koalitionsfreiheit vorzuliegen. Die zeitliche Begrenzung der Zulässigkeit dieses Verstoßes bzw. die spätere „Öffnung" des Potentials der diese Berufstätigkeit ermöglichenden Selektivverträge gegenüber weiteren Vertragspartnern (§ 73b Abs. 4 S. 3 SGB V) ändert nichts prinzipiell an der Verfassungsverletzung. Deren gerichtliche Feststellung mit daraus möglicherweise resultierenden Haftungsverpflichtungen der „Gemeinschaft" bzw. einer entsprechenden Staatshaftung[162] könnte auch nachträglich getroffen werden.

Der für die besagte Vorrangstellung der „Gemeinschaft"[163] im Gesetzgebungsprozess erörterte sachliche Grund[164] schlägt nicht durch, wie die weiter unten im Rahmen von Art. 12 Abs. 1 GG thematisierten Zweifel an der Verhältnismäßigkeit dieser Regelung belegen. Der vermeintliche „sachliche Grund" hält darüber hinaus einer fachlichen Eignungsprüfung nicht stand. Der stattdessen durch § 73b Abs. 4 S. 1 SGB V bewirkte und bei großen Gemeinschaften sogar Aus-

---

160 BVerfGE 50, 290 (354); BGHZ 130, 243 (256) im Hinblick auf privatrechtliche Zwangsvereinigungen.

161 *Engelmann* (Fn. 12), Rn. 30.

162 *Säuberlich*, Legislatives Unrecht und EU-Amtshaftungsanspruch, Frankfurt a. M. 2005, S. 57 ff., 132 ff.

163 Vgl. dazu oben im Text bei B. II. 1.

164 Siehe insofern die Begründung des BT-Ausschusses für Gesundheit, BT-Drs. 10/10609, S. 67, r. Sp., wonach „die Vorrangstellung der Allgemeinärzte (aus) der bereits in § 103 Abs. 4 Satz 5 getroffenen Vorrangstellung … (folge)". Maßgeblich sei „die auf fünf Jahre verlängerte Weiterbildungszeit". Demgegenüber knüpft das Gesetz aber an den *berufsrechtlichen Status* des Arztes für Allgemeinmedizin an, der auch jene Ärzte umfasst, die eine nach früherem Recht vorgeschriebene dreijährige Weiterbildungszeit absolviert haben, vgl. auch *Engelmann* (Fn. 12), Rn. 28. Die Begründung des Gesetzgebers trägt sonach die gesetzliche Regelung nicht!

schlusscharakter annehmende *Beitrittsdruck* auf ärztliche Leistungserbringer i. S. des § 73 Abs. 1a SGB V ist erheblich. Er würde nur gemildert, wenn die Gemeinschaft nicht die in ihr zusammengeschlossenen Hausärzte auch nach außen rechtlich zu „vertreten" hätte. Das ist aber der Fall; es gibt keinen vernünftigen Grund dafür, dass der vom Gesetzgeber in § 73b Abs. 4 S. 1 SGB V gewählte Begriff des „Vertretens" von der Notwendigkeit einer individuellen Bevollmächtigung im zivilrechtlichen Sinne absieht. Hierfür sprechen die Rechtsfolgen dieser „Vertretung", die ihr vom Gesetzgeber beigemessen werden; allenfalls reicht die Form der sog. Mandatierung. Art. 9 Abs. 1 GG scheint mir deshalb verfassungsrechtlich zumindest berührt zu sein.[165]

Dagegen liegt in dem vom Gesetzgeber für die KV'en herbeigeführten (partiellen) Verlust ihrer Funktion als flächendeckende Versorgungsinstitutionen kein Verstoß gegen Art. 9 Abs. 1 GG. Zwar werden Grundzüge der Selbstverwaltung dadurch berührt, indem es zum Wegfall eines Teils des Substrats der Selbstverwaltungstätigkeit („Sicherstellung") kommt. Doch hat das BVerfG verschiedentlich klargestellt, dass der Gesetzgeber aus der Sicht des Verfassungsrechts nicht daran gehindert ist, die Selbstverwaltung sogar insgesamt abzuschaffen. Erfasst wird von dieser Rechtsprechung sowohl die Gemeinsame Selbstverwaltung als auch deren gruppenspezifische Ausgestaltung.[166] So gesehen, können weniger weitgehende Eingriffe des Gesetzgebers keinen verfassungsrechtlichen Schaden anrichten. Insoweit entfällt eine Verletzung des Art. 9 GG.

IV. Gleichheitsdirigierte Berufsfreiheitsgarantie (Art. 12 Abs. 1 GG i. V. m. Art. 3 Abs. 1 GG) und Verhältnismäßigkeitsgrundsatz

1. Inhalt und Reichweite des berufsverfassungsrechtlichen Schutzes

In Mittelpunkt der verfassungsrechtlichen Diskussion über den Grundrechtsschutz nur nachrangig berücksichtiger vertragsärztlicher Leistungserbringer nach § 73b Abs. 4 SGB V steht die *gleichheitsdirigierte Berufsfreiheitsgarantie*.[167] Eine zu ihrem Gewährleistungsgehalt im Widerspruch stehende *Berufswahlregelung* hat der Gesetzgeber allerdings nicht getroffen. Jedoch ist nicht ganz klar, ob – jedenfalls auf Zeit – in dem Ausschluss einiger in § 73a Abs. 1a

165 In diese Richtung auch KassKomm/*Hess* (Fn. 17), RdNr. 21, der verfassungsrechtlich unterlegte Bedenken gegen die Gestaltung des § 73b Abs. 4 SGB V dahingehend äußert, die KK'en könnten durch die Limitierung des Bedarfs an Hausärzten im Vertragsweg die allgemeine Kassenarztzulassung aushöhlen.

166 Vgl. etwa BVerfGE 36, 383 (393); 39, 302 (314); zur Gesamtproblematik siehe *U. Becker*, Organisation und Selbstverwaltung der Sozialversicherung, in: von Maydell/Ruland/Becker (Hrsg.), Sozialrechtshandbuch (SRH), 4. Aufl. 2008, § 13, Rn. 9 ff.

167 Dazu u. a. BVerfGE 55, 185 (198 ff., 202 ff.); 60, 215 (232, 233 f.); siehe ferner BVerfGE 103, 172 (182 ff., 193 f.); *Pitschas*, Berufsfreiheit und Berufslenkung, Berlin 1983, S. 444 f., 510 ff., 517 f.

SGB V genannten Berufsgruppen von der besonderen hausärztlichen Versorgung nicht doch eine den Berufszugang verschließende Regelung vorliegt, die wegen ihres wirtschaftlichen Gewichts und ihrer Folgewirkungen („Hausarztverträge") dem Gewicht einer Berufswahlregelung nahe kommt.[168]

2. „Hausarzt-Oligopol" gem. § 73b Abs. 4 SGB V als Berufszugangsregelung/Berufsausübungsregelung

Ich meine, dies ist der Fall. Es entsteht auf Zeit ein privates faktisches *Monopol* des Hausärzteverbandes für obligatorische Vertragsabschlüsse mit den Krankenkassen; nach Ablauf der gesetzlichen Frist bildet sich aufgrund der Wirkmächtigkeit der sog. Gemeinschaften und übrigen Institutionen gem. § 73b Abs. 4 S. 3 Nr. 2 und 3 SGB V gegenüber dem einzelnen ärztlichen Leistungserbringer ein *Oligopol*. Daran ändert die verschiedentlich behauptete Möglichkeit, einem entsprechenden Vertrag freiwillig beitreten zu dürfen, nicht wirklich etwas. Mag es auch jedem Nichtmitglied einer Gemeinschaft freistehen, den Selektivvertrag zu unterzeichnen, so vermag es an der hausarztzentrierten Versorgung doch nur über den Vertragsschluss teilzunehmen. Insoweit „binden" auch den Außenstehenden die Gehalte dieses Vertrags, denen er entweder nicht zustimmen mag oder die er nicht selbst so verhandelt hätte. Er muss jedenfalls in vielen Fällen beitreten, um ökonomisch zu überleben. Deshalb entfaltet § 73b Abs. 4 SGB V eine *objektiv berufsregelnde Tendenz*. Durch sie könnte in der Tat die Freiheit der Berufswahl durch § 73b SGB V verletzt sein. Diesen Eingriff rechtfertigt nur ein überragend wichtiges Gemeinschaftsgut.

3. Gleichheitswidriger Ausschluss von Hausärzten aus der Teilnahme an der hausarztzentrierten Versorgung

Schließt man sich dieser Auffassung nicht an, so ist jedenfalls durch die gesetzliche Gestaltung die *Freiheit der Berufsausübung* betroffen. Zur Rechtfertigung dessen reichen jedenfalls nicht vernünftige Erwägungen des Gemeinwohls, weil Art. 3 Abs. 1 GG im Hinblick auf die angesprochene Berufsausübung unverhältnismäßige Unterscheidungen zwischen den von Gesetzes wegen in Frage kommenden Hausärzten i. S. des § 73 Abs. 1a SGB V als einschlägige Berufsgruppe verbietet.[169] Gesetzgeberische Erwägungen zum Vorrang bestimmter

168 Viele Hausärzte benötigen „Selektivverträge" zum wirtschaftlichen Überleben ihrer Praxis, vgl. *Korzilius*, DÄBl. 2009, Jg. 106, H. 49, S. C 2046 (2047 f.); verfehlt daher *Adolf*, jurisPK-SGB V, § 73b, Rn. 37.

169 Zur Gleichheitsprüfung bei Ungleichbehandlung verschiedener Personengruppen siehe etwa BVerfGE 91, 346 (362 f.); 99, 341 (355 f.); 103, 310 (318 f.); 116, 135 (160); BSG 76, 84 (89 f.); die Gleichheitsfrage bleibt unberücksichtigt bei *Adolf*, jurisPK-SGB V, § 73b, Rn. 37.

Hausärzte in der besonderen hausärztlichen Versorgung dürfen daher andere Gruppen von Hausärzten von der hausarztzentrierten Versorgung insoweit nur ausschließen, wenn es *hierfür* verfassungsrechtliche Rechtfertigungsgründe gäbe. Diese sind aber nicht erkennbar. Für die Versorgung von Kindern und Jugendlichen hat deshalb der Gesetzgeber bereits von sich aus die Abschlussberechtigung zu Gemeinschaftsverträgen in das Gesetz aufgenommen (§ 73b Abs. 4 S. 3 SGB V).

M. a. W. geht es in der verfassungsrechtlichen Rechtfertigungsdiskussion über die Regelung des § 73b Abs. 4 SGB V nicht um irgendeine vernünftige Erwägung des Gemeinwohls, etwa die zur flächendeckenden Sicherstellung der hausärztlichen Versorgung durch „Gemeinschaften" (anstelle der KV'en), sondern um die vor dem beruflichen Gleichheitsdenken zu legitimierende *gruppenunterschiedliche Behandlung der Hausärzte*. Hierfür ist kein medizinisch-fachlicher Rechtfertigungsgrund erkennbar. Wiederum ändert hieran die zeitliche Befristung der Vorrangregelung nach § 73b Abs. 4 SGB V nichts. Sie bestätigt im Gegenteil die ärztlichen Partialinteressen unterworfene Regelungsintention des Gesetzgebers, mit der er gegen die Normenwahrheit verstößt.[170]

Im Übrigen bestehen ernsthafte Zweifel an der Eignung der hausarztzentrierten Versorgung zur Steigerung der Versorgungsqualität und damit an der *Verhältnismäßigkeit* der gesetzlichen Regelung in § 73b Abs. 4 S. 1 SGB V in ihrer jetzigen gesetzlichen Fassung.[171]

4. Ergebnis

Im Ergebnis verstößt der Gesetzgeber mit der Ausgestaltung des § 73b Abs. 4 S. 1 SGB V gegen Art. 12 Abs. 1, 3 Abs. 1 GG. Die von ihm postulierte Vorrangigkeit der Abschlussfreiheit von Allgemeinärzten i. S. des § 73b Abs. 4 SGB V verletzt die Berufszugangs- bzw. die Berufsausübungsfreiheit der anderen Hausärzte, die gem. § 73 Abs. 1a SGB V an der hausärztlichen Versorgung teilnehmen. Darüber hinaus ist die Verhältnismäßigkeit der Vorrangregelung durch den Gesetzgeber verfassungsrechtlich deshalb angreifbar, weil die Eignung der hausarztzentrierten Versorgung zur Verbesserung der Versorgungsqualität hausärztlicher Gesundheitssicherung bisher empirisch nicht belegt ist und von fachlicher Seite in Frage gestellt wird.

---

170 Verfassungsrechtliche Bedenken wie hier aus Art. 12 Abs. 1 GG auch bei KassKomm/*Hess* (Fn. 17), RdNr. 21.

171 Dazu bereits näher oben im Text um und zu Fn. 123 ff.

V. Gebot der Systemgerechtigkeit (Art. 3 GG) hausarztzentrierter Versorgung und der Normenwahrheit

§ 73b Abs. 4 GG verstößt darüber hinaus gegen das aus Art. 3 GG folgende verfassungsrechtliche *Gebot der Systemgerechtigkeit hausarztzentrierter Versorgung.*

1. „Systemgerechtigkeit" als Kontinuitätsgebot und gesetzgeberische Pflicht zur Sachgerechtigkeit der Ausgestaltung hausarztzentrierter Versorgung

a) Allgemeiner Gleichheitssatz als Kontinuitätsgebot

Über den Gedanken der „Systemgerechtigkeit"[172] entfaltet sich der allgemeine Gleichheitssatz weitergehend noch als *verfassungsrechtliches Kontinuitätsgebot.* Diesem erfließt die Forderung nach einem „weichen" Übergang gewachsener sozialer Sicherungsregelungen im Rahmen eines Systemwandels. Allerdings legt die Verfassungsrechtsprechung diesbezüglich der parlamentarischen Neuordnung auch der Gesundheitssicherung ihren eigenständigen Prüfungsmaßstab der „Systemgerechtigkeit" zugrunde. Deshalb mündet die Feststellung, dass der Gesetzgeber bei vorgegebenen sozialen Sicherungssystemen in ihrer Fortentwicklung deren *Kontinuität* zu wahren hat, in die Vorstellung einer entsprechenden gesetzgeberischen Selbstbindung für die Zukunft und von daher in den auch aus der Sicht des Art. 3 Abs. 1 GG zu gewährleistenden *Systemvertrauensschutz* zugunsten Betroffener ein.[173]

Freilich erscheint dieses verfassungsrechtliche Teil-Fundament in gewisser Weise noch ergänzungsbedürftig. Denn letztlich führt die dem grundrechtlichen Schutz der (sozialen) Gleichheit innewohnende Verpflichtung des Gesetzgebers zur Systemgerechtigkeit seiner rechtlichen Steuerung auf die Folgerichtigkeit und Widerspruchsfreiheit der Rechtsordnung zurück. Insoweit geht es um die *Sachgerechtigkeit* von Grenzziehungen durch den Gesetzgeber bei einem Systemwandel; sie vermag auch betätigtes Vertrauen zurückzudrängen.[174]

b) „Systemgerechtigkeit" als Sachgerechtigkeit von Zugangsregelungen zur Gesundheitsversorgung

„Systemgerechtigkeit" wird auf diesem Hintergrund vom BVerfG auch als verfassungsrechtliche *Pflicht* des Gesetzgebers zur Bewahrung der *Sachgerechtigkeit* gesetzlicher Regelungen angesehen. Eingedenk dessen müssen namentlich

172 Näher dazu *Papier* (Fn. 139), Rn. 93 ff., 94; siehe auch BVerfGE 102, 68 (97).

173 „Verbot des überraschenden Systemwechsels", vgl. näher noch *Pitschas* (Fn. 6), S. 136.

174 Vgl. BVerfGE 102, 68 (98); *U. Becker*, FS 50 Jahre Bundessozialgericht, Köln u. a. 2004, S. 77 (88, 89).

die Zugangsregelungen der hausärztlichen Leistungserbringer zur Versorgung sachgerecht ausgestaltet sein. Dies ist zum einen nicht der Fall in Bezug auf die nicht erklärbare Differenzierung unter den beruflichen Gruppen der Hausärzte selbst. Daneben und weitergehend sind aber auch die in einer Reihe von Hausarztverträgen festzustellenden Ungleichmäßigkeiten der vertraglichen Ausgestaltung der Versorgung von Versicherten diesen gegenüber verfassungsrechtlich nicht zu rechtfertigen. Vertragsärzte „im gleichen System" der gesetzlichen Krankenversicherung dürfen diese Sachwidrigkeit, die der gesetzgeberischen Regelung zuzuschreiben ist, ebenso als verfassungswidrig weil irreführend in der Wirkung des Gesetzes monieren.[175]

2. „Systemgerechtigkeit" als Gebot der Folgerichtigkeit und Widerspruchsfreiheit von Versorgungsregelungen („Kohärenzgebot")

Darüber hinaus ist das verfassungsrechtliche Gebot der „Systemgerechtigkeit" auch als ein pflichtiges Gebot an den Gesetzgeber zu verstehen, i. S. hinreichender Rationalität und Abgewogenheit folgerichtige und widerspruchsfreie Regelungen zu treffen.[176] Demgegenüber weist § 73b SGB V ein ihm von Anfang an eingepflanztes strukturelles Vollzugsdefizit auf, das bereits im *Ersten Teil* der Untersuchung näher herausgearbeitet worden ist.[177] Die weitgehende Nichtbefolgung der Vorschriften des § 73b Abs. 3 S. 1 SGB V durch die gesetzlichen Krankenkassen spricht hierzu eine deutliche Sprache; der defizitäre Vollzug durch Vertragsrecht erweist die zeitliche Vorrangsregulierung von Seiten des Gesetzgebers als einen in sich widerspruchsvollen Ansatz der Bevorzugung von „Gemeinschaften" von Hausärzten vor anderen Hausärzten. Eine nationale Regelung ist aber rechtsstaatlich nur geeignet, wenn sie tatsächlich dem Anliegen gerecht wird, es in kohärenter und systematischer Weise zu erreichen.[178]

3. Ergebnis

Der gesamte in § 73b SGB V angelegte Gesetzesvollzug erweist sich auf verfassungswidrige Weise als ineffektiv. Anderen Gruppen von qualifizierten Hausärzten (§ 73a Abs. 1a SGB V) wird die gleiche Teilhabe an der besonderen hausärztlichen Versorgung ohne sachlichen Grund verwehrt. Der Verweis auf

175 Zu diesem Kontinuitätsprinzip bzw. „Systemwahrungsgebot" vgl. BVerfGE 60, 16 (43); *Papier* (Fn. 139), Rn. 94.

176 Vgl. zuletzt BVerfG, JZ 2010, 88 (Rz. 31 f.) m. Anm. *Drüen*; *Papier* (Fn. 139), Rn. 95 m. w. Nachw.

177 A. a. O., B. III. 2.

178 Oder, wie BVerfGE 84, 239 (274) formuliert: „Kein legitimes Mittel, gesamtwirtschaftliche Belange zu verfolgen, ist es jedoch, die materielle Steuernorm gleichsam als lex imperfecta anzulegen".

die Vorrangstellung von „Gemeinschaften“ bildet eine zum Vollzugsziel strukturell gegenläufige Vollzugsregel. Verletzt wird hierdurch der Grundsatz der *Normenwahrheit* als Ausfluss des rechtsstaatlichen Gleichheitsprinzips.[179]

179 Dazu siehe auch BVerfGE 110, 94 (113); *St. Meyer*, Die Verfassungswidrigkeit symbolischer und ungeeigneter Gesetze. Die Normenwahrheit – ein neuer Verfassungsrechtsbegriff und dessen Folgen für ein altes Problem, in: Der Staat, Bd. 48, 2009, S. 278 ff.

E. Vertragswettbewerb in der hausarztzentrierten Versorgung und Gemeinschaftsrecht

I. Die Rolle der gemeinschaftsrechtlichen Grundfreiheiten und des europäischen Wettbewerbsrechts für den Vertragswettbewerb nach dem Sozialgesetzbuch

1. Vertragswettbewerb und europäisches Gesundheitswettbewerbsrecht

Diesseits der verfassungsrechtlichen Grenzen für die hausarztzentrierte Versorgung gewinnt – flankiert durch die neue Fassung des § 69 SGB V[180] sowie gemeinschaftsrechtlich durch das Inkrafttreten des Vertrags von Lissabon zum 01.12.2009[181] – das europäische *Gesundheitswettbewerbsrecht* für die Tätigkeit der gesetzlichen Krankenkassen und für das Handeln der von ihnen unter Vertrag genommenen Hausärzte wachsende Bedeutung.[182] Für den Vertragswettbewerb stehen namentlich das *Vergaberecht*, das *Kartellrecht* und das *Beihilfenrecht* der EU im Vordergrund des rechtlichen Interesses an dem Schutz des freien Wettbewerbs im Binnenmarkt, der sich auch auf die Teil-Gesundheitsmärkte in den Mitgliedstaaten der Gemeinschaft erstreckt.[183]

2. Verstoß von § 73b SGB V gegen die Niederlassungs- und Dienstleistungsfreiheit als Primärnormen des Gemeinschaftsrechts

Das Fundament hierfür bilden die *Grundfreiheiten* des Gemeinschaftsrechts und hierunter insbesondere die Niederlassungs- und Dienstleistungsfreiheit (Art. 49, 56 AEUV). Der Wirkungszusammenhang zwischen ihnen und dem europäischen Wettbewerbs- und Vergaberecht überformt die Gestaltungsautonomie der Mitgliedstaaten. Das festzustellen hat nichts mit einer Überbetonung der kartellrechtlichen Vorgaben des „EG-Vertrages" zu tun.[184] Die Tätigkeit der sozialen Krankenversicherung in Deutschland ist der Einwirkung des Wettbewerbsrechts der Gemeinschaft sowie dem Schutz der Niederlassungs- und Dienstleistungs-

180 Auf der Grundlage des OrgWG, a. a. O. (Fn. 10).

181 Er enthält das europäische Primärrecht, wie es auf der Konferenz der europäischen Staats- und Regierungschefs am 18./19. Oktober 2007 in Lissabon verabschiedet wurde, und zwar als Vertrag über die Europäische Union (EUV) sowie als Vertrag über die Arbeitsweise der Europäischen Union (AEUV), der den EG-Vertrag ersetzt, vgl. Vertrag von Lissabon v. 13.12.2007, ABl. Nr. C 306/1 v. 17.12.2007.

182 *Becker/Kingreen*, in: Dies. (Fn. 5), § 69, Rn. 19.

183 *Schlegel*, Europäisches und internationales Recht (Fn. 135), Kap. D., Rz. 39 ff., 55 ff., 65 ff.

184 So noch die Kritik von *Engelmann*, VSSR 1999, 167 (175).

freiheit nicht etwa generell entzogen. Zumal nach Einführung des Vertragswettbewerbs im Sozialgesetzbuch „verdichten" sich die Auswirkungen der europäischen Grundfreiheiten mit den von ihnen ausgehenden wettbewerblichen Elementen des Leistungserbringungsrechts auch im deutschen Sozial- und Gesundheitsrecht.[185]

Der EuGH hat insoweit und schon längst die Tür zu einem „Systemwettbewerb" auf den Gesundheitsmärkten eröffnet, indem er den Gesundheitssektor innerhalb der Gemeinschaft als gegliederten „Markt" und die einzelnen Teilmärkte für Heil- und Heilhilfsberufe, Arzneimittel, Hilfsmittel und Dienstleistungen anderer Art sowie für medizinische Produkte im Übrigen anerkannt hat. Er verknüpft dabei die noch immer im europäischen Sozial- und Gesundheitsrecht geborgene Solidarität der Versichertengemeinschaft mit dem Erfordernis (partiell vorrangigen) Wettbewerbs. Von daher muss die jüngste Rechtsprechung des EuGH zu der Auftraggeberschaft gesetzlicher Krankenkassen und der Bindung an das Vergaberecht zum einen als Unterstützung für die Anwendung des *europäischen Wettbewerbsrechts* auf unternehmerisches Handeln der GKV in Deutschland bewertet werden, das grenzüberschreitend oder dem vergleichbar im Inland wettbewerbsregulierenden Einfluss ausübt.[186] Zum anderen allerdings will auch diese Rechtsprechung als ein Bekenntnis zu einem *sozialwirtschaftlichen* Wettbewerb in Europa verstanden werden.[187]

In der Folge dessen dürfte § 74b Abs. 4 SGB V gegen das *europäische Primärrecht* verstoßen. Dies gilt zum einen im Hinblick auf die *Niederlassungsfreiheit* gem. Art. 49 AEUV, die ein Verbot jeglicher Diskriminierung von Allgemeinärzten (Hausärzten) aus den EU-Mitgliedstaaten enthält. Bei gleicher Qualifikation hat die Bundesrepublik Deutschland daher jeden europäischen Allgemeinarzt als Hausarzt zu akzeptieren, der mit entsprechenden Qualifikationen nach der Berufsanerkennungsrichtlinie[188] seine Zulassung in Deutschland beantragt. Dem entgegenstehende nationale Zulassungsbegrenzungen bzw. „geschlossene Leistungserbringungsmonopole" verkörpern eine Einschränkung der europarechtlich garantierten Niederlassungsfreiheit.

Diese wäre bei fehlender Diskriminierung an sich unschädlich, doch geht Art. 49 AEUV über das bloße Verbot der Diskriminierung hinaus. In ihrem freiheitsrechtlichen Verständnis enthält die Niederlassungsfreiheit vielmehr ein generelles Verbot von Beschränkungen der freien Niederlassung. Die Niederlas-

---

185 Vgl. nur *Schlegel* (Fn. 135), Rz. 63 f.

186 EuGH, Urt. v. 11.06.2009 – C-300/07 – Oymanns GbR/AOK Rheinland – Hamburg, NJW 2009, 2427.

187 Vgl. EuGH, Urt. v. 05.03.2009 – C-350/07 – Kattner Stahlbau u. a. (unveröff.), Tz. 35 ff., 42 f.; *Kingreen*, Die Entscheidung des EuGH zur Bindung der Krankenkassen an das Vergaberecht, NJW 2009, 2417 (2418).

188 Art. 28 Richtlinie 2005/36/EG des Europäischen Parlamentes und des Rates vom 07.09.2005 über die Anerkennung von Berufsqualifikationen, ABl. L 255/22 vom 30.09.2005.

sungsfreiheit in einem Mitgliedstaat der EU beschränkende Regelungen bedürfen deshalb ebenso wie Beschränkungen der Freiheit des Warenverkehrs und der Dienstleistungsfreiheit einer Rechtfertigung durch gewichtige europäische Gemeinwohlbelange unter Berücksichtigung des Grundsatzes der Verhältnismäßigkeit. Gerade dieser aber scheint mit dem faktischen Vertragsmonopol bzw. dem Oligopol der Hausärzte nicht gewahrt.[189]

§ 73b Abs. 4 SGB V entfaltet sonach eine diskriminierende Wirkung. Die Vorschrift schließt die Niederlassung der nicht den „Gemeinschaften" angehörigen und „an der hausärztlichen Versorgung teilnehmenden Allgemeinärzte des Bezirks der Kassenärztlichen Vereinigung" fachlich i. S. des Art. 28 der RiL zuzurechnenden ärztlichen Leistungserbringer aus anderen EU-Mitgliedstaaten zu Zwecken besonderer hausärztlicher Versorgung aus.

Ähnlich problematisch verhält es sich mit der *Dienstleistungsfreiheit* nach Art. 56 AEUV. Sie will das den Europäischen Binnenmarkt beherrschende Prinzip des freien Wettbewerbs gewährleisten helfen. Dem steht jedoch das faktische Vertragsmonopol nach § 73b Abs. 4 S. 1 SGB V ebenso und einerseits entgegen, wie andererseits die Einengung des für den Vertragsschluss mit den Krankenkassen infrage kommenden Kreises der Leistungserbringer nach Maßgabe des § 73b Abs. 4 S. 3, 4 SGB V mit der Dienstleistungsfreiheit nicht zu vereinbaren ist.

II. Europäisches Vergaberecht und Selektivverträge nach § 73b SGB V

1. Europäisches und nationales Vergaberecht

Insofern die Wirtschaftspolitik der Gemeinschaft auf dem Verständnis des freien Binnenmarktes und der Festlegung gemeinsamer (wirtschaftspolitischer) Ziele beruht, ist sie dem Grundsatz einer offenen Marktwirtschaft mit freiem Wettbewerb verpflichtet. Dem gleichgelagerten Ziel der Entwicklung eines Wettbewerbs auf dem Gebiet der *öffentlichen Aufträge* dient auch das *Europäische Vergaberecht*. Es flankiert die Grundfreiheiten des Vertrags, indem es auf diesen aufbaut. Nach der Rechtsprechung des EuGH soll die Koordinierung der Verfahren zur Vergabe öffentlicher Aufträge auf Gemeinschaftsebene vor allem die Hemmnisse für den freien Dienstleistungs- und Warenverkehr beseitigen. Ebenso wird die Gefahr der Bevorzugung einheimischer Bieter oder Bewerber bei der Auftragsvergabe durch öffentliche Auftraggeber bekämpft.[190]

189 Dazu bereits oben bei B. III. 1. und D. IV. 2./3.

190 *Pukall*, Der Stand der Umsetzung in das deutsche Recht und die Verschlankung des deutschen Vergaberechts, in: Pitschas/Ziekow (Hrsg.), Vergaberecht im Wandel, Berlin 2006, S. 17 (19 ff.).

a) Anwendbarkeit der Vergaberichtlinie 2004/18/EG

Um diese Ziele zu erreichen und das öffentliche Beschaffungswesen dem Wettbewerb zu öffnen, sind in der Gemeinschaft seit 1992 entsprechende Richtlinien zur gemeinschaftlichen Koordinierung der (nationalstaatlichen) Verfahren zur Vergabe öffentlicher Bauaufträge, Lieferaufträge und Dienstleistungsaufträge erlassen worden.[191] Im Zentrum dieser Aktivitäten steht die „Vergaberichtlinie" 2004/18/EG vom 31.03.2004.[192] Darunter fallen gem. ihrem Anhang II auch Aufträge über die Erbringung von Dienstleistungen, die keine öffentlichen Bau- oder Lieferaufträge sind. Erfasst werden dementsprechend auch Aufträge aus dem „Gesundheits-, Veterinär- und Sozialwesen" (Nr. 26 Anhang II). Allerdings besteht bei Gesundheitsdienstleistungen nach Art. 21 der Richtlinie in Verbindung mit Anhang VII Nr. 25 der EU-Verordnung 213/2008 im Wesentlichen nur die Verpflichtung zur nachträglichen Bekanntmachung der erfolgten Auftragsvergabe, nicht aber zur – europaweiten – Ausschreibung. Dem dürfte nunmehr allerdings das dem Vertrag von Lissabon beigefügte Protokoll über Dienste von allgemeinem Interesse zuwider laufen.[193]

Im hiesigen Kontext können jedoch die daraus resultierenden Fragen der Anwendungskonkurrenz auf sich beruhen. Denn jedenfalls sprechen die der Richtlinie 2004/18/EG erfließenden Regelungsgehalte zur Einbeziehung der Sozialversicherungsträger und des Gesundheitswesens für eine Einbeziehung auch der Krankenkassen in den Anwendungsbereich des Vergaberechts.

b) Kartellvergaberecht als nationale Umsetzung

In Deutschland wird das europäische Vergaberecht bisher durch das sog. Kartellvergaberecht mit weiteren Vorschriftenkomplexen umgesetzt. Im „Gesetz gegen Wettbewerbsbeschränkungen"[194] werden u. a. die „öffentlichen Auftraggeber" und die „öffentlichen Aufträge" näher umrissen (§ 98, 99 GWB). In § 100 Abs. 2 GWB werden diejenigen Aufträge genannt, die nicht unter das Vergaberecht fallen. Darüber hinaus ist § 69 Abs. 2 S. 1 HS 2 SGB V zu berücksichtigen: Vergaberecht findet hiernach nur insoweit Anwendung, als dessen Voraussetzungen im Einzelnen vorliegen. Jeder Einzelfall ist demgemäß daraufhin zu überprüfen, ob die tatbestandlichen Voraussetzungen der § 97 ff. GWB vorliegen.

---

191 *Dörr*, Das europäisierte Vergaberecht in Deutschland, JZ 2004, 703 ff.

192 Dazu *Spiegel*, Die Vergabekoordinierungsrichtlinie im Überblick, in: Pitschas/Ziekow (Fn. 190), S. 9 ff.

193 Vgl. *Pitschas*, Europäisches Sozial- und Gesundheitsrecht „nach Lissabon", NZS 2010 (i. Ersch.).

194 Gesetz gegen Wettbewerbsbeschränkungen (GWB) i. d. F. der Bekanntmachung vom 15.07.2005 (BGBl. I, S. 2114).

2. *Folgerungen für die Anwendung von § 73b SGB V*

a) § 73b Abs. 4 S. 1 SGB V

Nach § 73b Abs. 4 S. 1 SGB V soll zufolge verbreiteter Auffassung eine Ausschreibungspflicht der Krankenkassen in Anwendung des Vergaberechts bei dem Auftrag zur hausarztzentrierten Versorgung entfallen.[195] Dem ist zu widersprechen. Nach der Rechtsprechung des EuGH sind gesetzliche Krankenkassen für die Anwendung der Vergaberichtlinie als Einrichtungen des öffentlichen Rechts und damit als *öffentliche Auftraggeber* anzusehen. Auch der Streit darüber, ob Gesundheitsdienstleistungen nach Gemeinschaftsrecht dem Vergabeverfahren unterliegen, bedarf keiner näheren Auseinandersetzung. Denn der EuGH hat in seiner Entscheidung vom 11.06.2009[196] festgelegt, dass Vereinbarungen wie die Verträge zur hausarztzentrierten Versorgung nach § 73b Abs. 4 S. 1 SGB V, in denen die Vergütung für die verschiedenen von dem Vertragspartner erwarteten Versorgungsformen sowie weitere Verpflichtungen konsentiert werden, bestimmte Leistungen gegenüber den Versicherten zu erbringen, als eine „Rahmenvereinbarung" i. S. von Art. 1 Abs. 5 der Richtlinie 2004/18/EG und nicht etwa als eine eigene Gesundheitsdienstleistung anzusehen sind. Diese „Rahmenvereinbarung" belässt Raum für Auswahl- und Gestaltungsermessen hinsichtlich von Kooperationen der „Gemeinschaften" gem. § 73b Abs. 4 S. 1 SGB V.

Die Entscheidung des EuGH zur Bindung der Krankenkassen an das Vergaberecht ist in der Literatur auf Kritik gestoßen.[197] Doch berücksichtigt diese nicht hinreichend, dass zwischen Krankenkassen und „Gemeinschaften" nicht „Gesundheitsdienstleistungen" vereinbart werden, sondern eine Vereinbarung getroffen wird, die nur den *Rahmen* für die später von den Hausärzten zu erbringenden Dienstleistungen auszeichnet. Die Annahme einer Rahmenvereinbarung durch den EuGH ist deshalb zutreffend. Spezifisch sozialrechtlichen Anliegen nach einer individuellen und wohnortnahen Versorgung oder nach der leistungsrechtlichen Wahlfreiheit unter entsprechenden Leistungserbringern könnte die Vergabe unter der Rubrik „vergabefremde Zwecke" berücksichtigen.

b) § 73b Abs. 4 S. 3, 4 SGB V

Nichts anderes ergibt sich für die Ausschreibungspflicht der Krankenkassen bei Aufträgen zur hausarztzentrierten Versorgung gem. § 73b Abs. 4 S. 3 f. SGB V. Zwar regelt der Gesetzgeber in S. 5 a. a. O. in rudimentärer Weise die Aus-

---

195 Siehe nur *Engelmann* (Fn. 12), Rn. 31, der (zu Unrecht) „ein Auswahlverfahren des Auftraggebers" bestreitet; abl. auch *Kingreen/Temizel* (Fn. 12), 137 f.; *Orlowski* (Fn. 12), 130.

196 A. a. O. (Fn. 186), Tz. 73 ff.

197 *Kingreen* (Fn. 187), 2418 f.

schreibung entsprechender Vertragsvorhaben; doch sind die Krankenkassen darüber hinaus und entsprechend dem Anwendungsvorrang der Vergaberichtlinie gehalten, entsprechende Hausarztverträge (Selektivverträge) *nach Vergaberecht* auszuschreiben. Folgerichtig haben die *Vergabekammer Ansberg* und das *LSG Berlin-Brandenburg* entschieden, dass auf die Ausschreibung von Verträgen über die besondere ärztliche Versorgung das (nationale) Vergaberecht anzuwenden sei. Denn die Stoßrichtung der neuen Regelung in § 69 SGB V gehe, so heißt es zutreffend, eindeutig in die Richtung, Verträge von gesetzlichen Krankenkassen mit Leistungserbringern den §§ 97 ff. GWB unterfallen zu lassen.[198]

3. Ergebnis

Im Ergebnis ist die Ausschreibungspflicht der Krankenkassen in Anwendung des Vergaberechts bei Aufträgen zur hausarztzentrierten Versorgung gem. § 73b Abs. 4 SGB V zu bejahen. Die Krankenkassen handeln als öffentliche Auftraggeber i. S. des § 99 GWB; sie sind deshalb zur Ausschreibung öffentlicher Aufträge verpflichtet. Ihnen steht dabei Auswahl- und Gestaltungsermessen zu. Es handelt sich bei § 73b Abs. 4 S. 1 SGB V im Einzelnen um den Abschluss sog. Rahmenvereinbarungen i. S. der europäischen Vergaberichtlinie, bei dem ein Auswahlermessen des kassenseitigen Auftragsgebers darüber besteht, an welche der in Betracht kommenden Gemeinschaften bzw. in welchen Kooperationszusammenhängen der Auftrag vergeben wird. Selbst wenn nur eine Gemeinschaft von Ärzten vorhanden ist, die die Voraussetzungen des § 73b Abs. 4 S. 1 SGB V erfüllt, besteht eine Ausschreibungspflicht.

Ebenso sind die Aufträge zur hausarztzentrierten Versorgung nach § 73b Abs. 4 S. 3 f. SGB V in Anwendung des Vergaberechts auszuschreiben. Deshalb sind die entsprechend geschlossenen Verträge zur Versorgung nichtig, wenn die darin enthaltenen Dienstleistungen und Vereinbarungen nicht vor deren Zuschlag nach den Bestimmungen des GWB ausgeschrieben worden waren. In der Konsequenz dessen können unterlegene Bieter spezifischen Rechtsschutz vor den Vergabekammern und anschließend bei den Landessozialgerichten finden.

III. Wettbewerbsrechtliche Bindungen bei der Vergabe von Selektivverträgen

1. Idealkonkurrenz von Vergabe- und Kartellrecht

Im Schrifttum wird allerdings richtigerweise darauf aufmerksam gemacht, dass fraglich sei, ob das *Vergaberecht* überhaupt den adäquaten Maßstab für den Ver-

198 LSG Berlin-Brandenburg, Beschl. v. 06.03.2009 – L 9 KR 72/09 ER-juris; Vergabekammer Arnsberg, Beschl. v. 25.03.2009 – VK 33/08 – juris; a. A. *Engelmann* (Fn. 12), Rn. 40.

tragswettbewerb nach dem SGB V bilde.[199] Es solle zwar die Bedingungen eines funktionierenden Wettbewerbs simulieren, doch gehe es im Leistungserbringungsrecht der Zukunft gerade auch darum, dass *Nachfragekartelle* großer Krankenkassen ihre Marktmacht einsetzen würden, etwa beim Abschluss von Rabattverträgen für Arzneimittel (§ 130a Abs. 8 SGB V). Wenn insofern einzelne Kassen regional oder bundesweit mit großen Marktanteilen die Rabattverhandlungen aufnähmen, könnten sie die Preise diktieren. Erforderlich werden sonach in der Tat klare *Wettbewerbsregeln*, mit denen die Übermacht einzelner Krankenkassen – selbstverständlich auch mächtiger Leistungserbringer – zu begrenzen ist. Auch der hiesige Problembefund zu den möglicherweise zukünftig drohenden Preisdiktaten von „Gemeinschaften" i. S. des § 73b Abs. 4 SGB V gegenüber einzelnen Krankenkassen gehört in diesen Kontext.[200]

Der deutsche Gesetzgeber hatte hierauf bereits mit der Neufassung des § 69 Abs. 2 SGB V reagiert: Das Vertragshandeln der Krankenkassen wird ergänzend zum Vergaberecht auch an das deutsche Kartellrecht gebunden. In der Literatur sieht sich allerdings gerade diese „Gleichzeitigkeit" der Einordnung gesetzlicher Krankenkassen als öffentliche Auftraggeber und – i. S. des Kartellrechts – als „Unternehmen" gerügt. Die Vorgehensweise würde, so wird formuliert, „Verwirrung" schaffen. Denn es sei unklar, ob „die Krankenkassen nun zum Staat oder zur Gesellschaft" gehören würden.[201] Doch ist diese Kritik nicht berechtigt. Der nationale Gesetzgeber versucht zu Recht, in Anwendung der *funktionalen Betrachtungsweise*, die der EuGH praktiziert[202], der tatsächlichen Ambivalenz des Kassenhandelns gerecht zu werden. Gesetzliche Krankenkassen sind heute mehr denn je „Unternehmen Gesundheit", obwohl sie im Übergang zum Vertragswettbewerb noch bürokratische Grundzüge aufweisen.

2. Das Kartellverbot gem. Art. 101 AEUV

Deshalb hat der EuGH zu Recht in seinem Urteil vom 11.06.2009[203] – und insoweit in einem gewissen Gegensatz zu der Entscheidung „AOK Bundesverband u. a."[204] – judiziert, dass es jeweils auf die Perspektive ankäme, aus der das Handeln der gesetzlichen Krankenkasse zu beurteilen sei. Es kann also keine Rede davon sein, dass der EuGH das Kartellrecht überhaupt nicht auf die Krankenkassen angewendet wissen will, wie in der Literatur behauptet wird.[205] Dem-

199 *Kingreen* (Fn. 187), 2419, r. Sp.
200 Vgl. oben im Text bei B. II. 2. b).
201 *Kingreen* (Fn. 187), 2419, r. Sp.
202 A. a. O. (Fn. 187), Rs. Kattner.
203 A. a. O. (Fn. 186), Tz. 50 ff.; vgl. auch Rs. Kattner, a. a. O. (Fn. 187).
204 EuGH, Slg. 2004, I-2493 = NJW 2004, 2723.
205 *Kingreen* (Fn. 187), 2417, l. Sp., 2419, r. Sp.

gemäß ist neben der Anwendung des deutschen Kartellrechts auch der Rückgriff auf das gemeinschaftsrechtliche Kartellverbot nach Art. 101 AEUV möglich.

a) Tatbestand und Verbotsfolgen

Mit dem Binnenmarkt unvereinbar und verboten sind nach Art. 101 Abs. 1 AEUV alle Vereinbarungen zwischen Unternehmen, welche den Handel zwischen Mitgliedstaaten zu beeinträchtigen geeignet sind und eine Verhinderung, Einschränkung oder Verfälschung des Wettbewerbs innerhalb des Binnenmarktes bezwecken oder bewirken. „Unternehmen" ist in diesem Sinne jede eine wirtschaftliche Tätigkeit ausübende Einheit, unabhängig von ihrer Rechtsform und Finanzierung.[206] In diesem Sinne sind auch die „Gemeinschaften" nach § 73b Abs. 4 S. 2 SGB V, die mit Krankenkassen Verträge zur hausarztzentrierten Versorgung abschließen, als Unternehmen anzusehen.

Als solche handeln sie in wirtschaftlicher Betätigung. Diese umfasst jedes auf Angebot und Nachfrage von Waren- oder Dienstleistungen gerichtete und damit marktbezogene Verhalten.

b) Wettbewerbsbeschränkende Tätigkeit der „Gemeinschaften" i. S. des § 73b SGB V

Im Hinblick auf das *faktische Vertragsmonopol*, das den „Gemeinschaften" zukommt, ist auch von einer spürbaren Wettbewerbsbeschränkung auszugehen. Allerdings wird nicht der Handel zwischen den Mitgliedstaaten beeinträchtigt. Daher findet das Kartellverbot gem. Art. 101 AEUV keine Anwendung.

3. Missbrauchsverbot gem. Art. 102 AEUV und nach nationalem Wettbewerbsrecht

a) Tatbestand

Mit dem Binnenmarkt ist nach Art. 102 Abs. 1 AEUV unvereinbar und verboten, dass ein Wettbewerber missbräuchlich seine beherrschende Stellung auf dem Binnenmarkt oder auf einem wesentlichen Teil desselben ausnutzt, soweit dies dazu führen kann, den Handel zwischen den Mitgliedstaaten zu beeinträchtigen. Gleiches gilt nach nationalem Wettbewerbsrecht.

Die gemeinschaftsrechtlichen und nationalen Regelungen finden allerdings auf die Krankenkassen keine Anwendung. Denn ihre Tätigkeit gegenüber den Hausarztgemeinschaften beruht auf dem Grundsatz der *Solidarität*; sie üben ihre Tä-

---

206 So für Art. 81, 82 EGV a. F. EuGH, Urt. v. 23.04.1991 – C-41/90.

tigkeit ohne Gewinnerzielungsabsicht aus. Deshalb steht die soziale Aufgabe der Krankenkassen bei der Regulierung des Gesundheitsmarktes nach § 73b Abs. 4 SGB V in Vordergrund. Im Ergebnis ist deshalb die Unternehmereigenschaft der Krankenkassen zu verneinen.[207]

Auf die Hausarztgemeinschaften finden allerdings, wie schon dargetan, die Wettbewerbsregeln Anwendung. Sie handeln als „Unternehmen" in Ausübung wirtschaftlicher Tätigkeit. Wegen des bestehenden *faktischen Vertragsmonopols* wird auch die entsprechende Marktmacht als Voraussetzung des Missbrauchsverbots nach Art. 102 AEUV zu bejahen sein. Doch kann gegenwärtig deren *missbräuchliche* Ausnutzung nicht festgestellt werden.

b) Verbotsfolgen

Von einem Verbot i. S. des Art. 102 Abs. 1 AEUV wegen Missbrauchs einer marktbeherrschenden Stellung kann deshalb weder gegenüber den gesetzlichen Krankenkassen noch auch Seiten der Hausarztgemeinschaften ausgegangen werden.

4. Ergebnis

Krankenkassen und Hausarztgemeinschaften können Adressaten des in Art. 101 AEUV geregelten Verbots wettbewerbsbeschränkender Verhaltensweisen und mit Blick auf das in Art. 102 AEUV geregelte Verbot des Missbrauchs einer marktbeherrschenden Stellung sein. Jedoch sind im Rahmen des § 73b SGB V die *Krankenkassen* nicht als *Unternehmen* tätig. Sie erfüllen eine vom Gesetzgeber vorgegebene soziale Aufgabe. Die *Hausarztgemeinschaften* handeln dagegen als *Unternehmen* und können sowohl Adressat des Verbots wettbewerbsbeschränkender Verhaltenskoordination als auch des Verbots eines Missbrauchs marktbeherrschender Stellung sein; sie üben ein faktisches Vertragsmonopol i. S. des § 73b Abs. 4 S. 2 SGB V aus. Jedoch sind keine Anzeichen für den Missbrauch der dadurch bedingten marktbeherrschenden Stellung erkennbar.

Kartellrechtliche Verbotsfolgen sind deshalb nicht gegeben.

207 EuGH, Slg. 2004, I-2493 (AOK Bundesverband).

IV. Insbesondere: Zugangsvorrang zur hausarztzentrierten Versorgung für „Hausarztgemeinschaften" als verbotene staatliche Beihilfe

1. Wettbewerb innerhalb des Binnenmarktes und Beihilfenverbot

Das gemeinschaftsrechtliche System zum Schutz des Wettbewerbs vor Verfälschung wird durch das Recht der staatlichen Beihilfen (Art. 107-109 AEUV) ergänzt. Es wendet sich in seinen Regelungen gegen die Begünstigung einzelner Wettbewerber durch wettbewerbsschädliche Mittel wie z. B. Subventionen, die den freien Wettbewerb verzerren.[208] Diese Wirkungen können auch durch Sozialleistungen aller Art hervorgerufen werden. In der Sozialversicherung gelten als solche *Beihilfen sozialer Art* u. a. die generelle Herabsetzung des Arbeitgeberanteils in der Sozialversicherung oder auch die Gewährung von Zahlungserleichterungen für Sozialversicherungsbeiträge durch die Beitragseinzugsstelle (vgl. § 70 SGB IV), die von einem privaten Gläubiger in derselben Situation nicht gewährt würden.[209] Allerdings verbietet Art. 107 Abs. 1 AEUV staatliche Beihilfen nicht schlechthin (vgl. Art. 107 Abs. 2 und 3 AEUV): Unvereinbar und deshalb verboten sind Beihilfen nur dann, wenn sie den Handel zwischen den Mitgliedstaaten beeinträchtigen und den Wettbewerb verfälschen können, überdies weder eine Legalausnahme vorliegt noch eine „Ermessensbeihilfe" gem. Art. 107 Abs. 3 AEUV gegeben ist. Der nach § 73b Abs. 4 S. 1 SGB V durch den Gesetzgeber eingerichtete sowie durch die Krankenkassen sodann vereinbarte Zugangsvorrang zur hausarztzentrierten Versorgung für Hausarztgemeinschaften könnte indes eine verbotene Begünstigung i. S. des europäischen Beihilfenrechts darstellen.

2. Begriff der Beihilfe

Dem Schutz des Gemeinschaftsrechts unterliegen nur (mitglied-)staatliche Beihilfen, d. h. Zuwendungen, die von den Mitgliedstaaten und ihren Behörden gewährt werden. Staatliche Stellen in diesem Sinne sind auch die Träger der Sozialversicherung, soweit deren Verwaltungshandeln insbesondere zur Sicherstellung der vertragsärztlichen Versorgung staatlich reglementiert ist. Die gesetzlichen Krankenkassen verkörpern deshalb staatliche Einrichtungen.[210] Im Übrigen ist der Begriff der Beihilfe entwicklungsoffen. Er geht über den der Subventionen noch hinaus, denn er soll jede Form wettbewerbsverzerrender Maßnahmen der Mitgliedstaaten erfassen.[211] Deshalb fallen unter „Beihilfen" i. S. von

208 Zum Ganzen siehe Streinz/*König/Kühling*, EUV/EGV, Kommentar, München 2003, Art. 87, Rn. 1 ff.

209 EuGH, Urt. v. 05.10.1999, Rs. C-251/97 – Französische Republik/Kommission, EuZW 2000, 253.

210 EuGH, a. a. O. (Fn. 186), Tz. 50 ff., 59.

211 *Koenig/Kühling* (Fn. 208), Art. 87, Rn. 27 ff.

Art. 107 AEUV auch solche Maßnahmen, die in unterschiedlicher Form dazu beitragen, Belastungen zu vermeiden, die ein Unternehmen normalerweise zu tragen hat. Dementsprechend verbietet Art. 107 Abs. 1 AEUV die ***selektive Begünstigung*** bestimmter Unternehmen und Wirtschaftszweige, wenn hierdurch der Wettbewerb zu Lasten der anderen, nicht begünstigten Unternehmen verfälscht zu werden droht.

3. Begünstigung der Hausarztgemeinschaften nach § 73b Abs. 4 S. 1 SGB V

a) „Begünstigung" als Tatbestandsvoraussetzung

Zentrale Voraussetzung des Behilfetatbestandes ist somit die ***Begünstigung***. Darunter ist jede Leistung zu verstehen, die ein Unternehmen ohne angemessene, d. h. marktübliche Gegenleistung erlangt.[212] Eine „Leistung" wiederum ist der geldwerte Vorteil für den Empfänger. Hierbei kommt es nicht auf die Intention des begünstigenden an, sondern allein auf die Wirkung.[213]

Als Vorteil für die Hausarztgemeinschaften i. d. Sinne kommt der über § 73b Abs. 4 S. 1 SGB V für ihre Mitglieder begründete Zugangsvorrang der im Gesetz bezeichneten Allgemeinärzte in Betracht. Sie sind Mitglieder der „Gemeinschaften", die auf diese Weise eine Förderung ihrer Selbständigkeit (häufig unter Abwendung von Insolvenz) als niedergelassene ärztliche Leistungserbringer erfahren. Der gewährte Zugangsvorrang zur hausarztzentrierten Versorgung stärkt nämlich die regionale Marktposition des jeweils begünstigten Allgemeinarztes. Ebenso erlangt die betroffene Hausarztgemeinschaft einen Vorteil in ihrem Status als Vertragspartner. Beide, Gemeinschaft wie Mitglieder erfahren letztlich dadurch jeweils einen Vermögenswert, dessen Verfügbarkeit eine Leistung darstellt. Zugleich wird das Merkmal der Selektivität verwirklicht, das verhindern soll, Maßnahmen der allgemeinen Wirtschaftspolitik – also solche, die einen ganzen Mitgliedstaat volkswirtschaftlich erfassen – dem Beihilfeverbot zu unterwerfen. Um solche Maßnahmen handelt es sich hier jedoch nicht. Auch liegt kein Fall der Begünstigung von Privatpersonen bzw. privater Haushalte durch Sozialleistungen vor.

b) Hausarztgemeinschaften nach § 73b Abs. 4 S. 1 SGB V als „Unternehmen"

Bei Hausarztgemeinschaften, die mit Krankenkassen Verträge zur hausarztzentrierten Versorgung abschließen, handelt es sich zunächst um privatrechtliche Zusammenschlüsse. Sie nehmen aufgrund des Vertrages zur hausarztzentrierten Versorgung hoheitlich bestimmte Verwaltungsaufgaben wahr, indem sie für die

---

212 EuGH, Slg. 2003, I-7747 = NJW 2003, 2515 – Altmark.
213 *König/Kühling* (Fn. 208), Art. 87, Rn. 28.

Krankenkassen die Versorgung der Versicherten mit hausärztlichen Leistungen sicherstellen, und zwar im eigenen Namen. Es liegt eine „Public-Private-Partnership" vor. Offen mag dabei bleiben, ob es sich um eine öffentlich-rechtliche Beleihung handelt.[214] Jedenfalls wären die Hausarztgemeinschaften – ungeachtet einer solchen Beleihung – wegen ihrer funktionalen Einordnung als Wirtschaftssubjekte zur Sicherstellung der hausärztlichen Versorgung von Versicherten mit geldwerten Gesundheitsdienstleistungen als *Unternehmen* anzusehen. Auch Körperschaften des öffentlichen Rechts sind im Übrigen taugliche Empfänger staatlicher Beihilfen.[215]

c) Aus staatlichen Mitteln

Die Begünstigung muss staatlich oder aus staatlichen Mitteln gewährt werden. Wie bereits oben festgestellt, handelt es sich bei den gesetzlichen Krankenkassen um öffentlich-rechtliche Körperschaften, die trotz ihrer Selbstverwaltungsautonomie Art. 107 Abs. 1 AEUV unterfallen. Deren Leistungen sind deshalb „staatlich" im Sinne der Norm.

4. Beeinträchtigung des Handels zwischen den Mitgliedstaaten

Die vom Gemeinschaftsrecht vorausgesetzte Beeinträchtigung des innergemeinschaftlichen Wettbewerbs und Handels zwischen den Mitgliedstaaten kann auch dann gegeben sein, wenn das begünstigte Unternehmen nicht im Export tätig ist. Vielmehr wird der Tatbestand der Wettbewerbsverfälschung und Beeinträchtigung des innergemeinschaftlichen Handelns auch dann erfüllt, wenn sich die Chancen der in anderen Mitgliedstaaten niedergelassenen Dienstleistungsunternehmen, ihre Leistungen auf dem Markt des hiesigen Mitgliedstaates auszuführen, verringern.[216] Diesbezüglich genügt die bloße Eignung zu einer Beeinträchtigung.[217] Bei bejahter Wettbewerbsverfälschung ist diese aufgrund der Verflechtung der Gesundheitsmärkte sowie der Verhinderung des Einsatzes potentieller Konkurrenten unter den Hausärzten aus anderen Mitgliedstaaten auf dem heimischen Gesundheitsmarkt für ambulante Versorgung in der Regel anzunehmen.

---

214 So z. B. *Engelmann* (Fn. 12), Rn. 33.

215 Unstr., vgl. *Kreuschnitz/Rawlinson*, in: Lenz/Borchardt (Hrsg.), EU- und EG-Vertrag, 4. Aufl. 2006, Vorbem. Art. 87-89, Rn. 21.

216 EuGH, Urt. v. 17.06.1999, Rs. C-75/07 – Belgien/Kommission, EuzW 1999, 534, 537 (Rz. 47).

217 *Schlegel* (Fn. 135), Rz. 51.

5. Ergebnis

Indem gesetzliche Krankenkassen gem. § 73b Abs. 4 S. 1 SGB V den dort genannten Hausarztgemeinschaften vertraglich einen Zugangsvorrang zur hausarztzentrierten Versorgung einräumen, kommt es zu einer durch das Gemeinschaftsrecht verbotenen *sozialen Beihilfe*. Auszugehen ist insoweit von einem nicht nur theoretischen Vorteil der fraglichen Gemeinschaften, für die in der Übernahme der hausarztzentrierten Versorgung auch keine Kompensation für den Zugangsvorrang liegt. Zwar kann nach der Rechtsprechung des EuGH die Erfüllung von Gemeinwohlpflichten kompensationsfähig sein, selbst wenn ein privater Investor sie nicht berücksichtigen würde. Doch kommt dies vorliegendenfalls deshalb nicht in Betracht, weil keine Ausgleichsparameter vorhanden sind. Der Umfang der Begünstigung hängt davon ab, in welchem Ausmaß die fragliche Hausarztgemeinschaft sich den Zugangsvorteil zunutze macht, nicht dagegen von der Erfüllung der gemeinwirtschaftlichen Aufgabe der hausarztzentrierten Versorgung. Deshalb kann keine angemessene Gegenleistung für den Vorteil aus dem Zugangsvorrang erbracht werden.

Dritter Teil: Zusammenfassung

F. Ergebnisse der rechtlichen Analyse und Rechtsschutzaspekte

I. Die Einführung der hausarztzentrierten Versorgung als Merkmal des Systemwandels im Gesundheitswesen

Die Analyse rechtlicher Probleme hausarztzentrierter Versorgung im Gesundheitssektor muss sich aus Gründen ihres zutreffenden Ansatzes und ihrer Bestandssicherheit des Umstandes bewusst sein, dass wir es einerseits bei dieser Versorgungsform mit der Errichtung eines Einzelvertragssystems zu tun haben, das ein alternative Versorgungsmodell in der ambulanten hausärztlichen Versorgung neben oder außerhalb der kollektivvertraglichen Versorgung anbietet. Der in § 73b SGB V den gesetzlichen Krankenkassen erteilte Auftrag, ihren Versicherten eine besondere hausärztliche Versorgung zu ermöglichen, beschränkt sich also nicht etwa auf die Vereinbarung einiger zusätzlicher Leistungen zu der bislang im Kollektivvertragssystem verankerten (allgemeinen) hausärztlichen Versorgung. Das Gegenteil ist der Fall, wie der *Erste Teil* des Gutachtens belegt.

Damit nicht genug, fügt sich das „neue" hausärztliche Versorgungsmodell in den schon bisher geförderten Vertragswettbewerb im Gesundheitswesen nahtlos ein. Es substituiert nicht allein die kollektivvertraglich bestimmte Versorgung durch eine besondere ambulante hausärztliche Verantwortung, sondern der Gesetzgeber organisiert die zukünftige Entwicklung neuer Versorgungsstrukturen in der ambulanten Versorgung ausschließlich in einem dezentralen, wettbewerblichen Selektivvertragssystem. Auf diese Weise nimmt sich der Staat in seiner unmittelbar hoheitlichen Regulierung der Gesundheitsdienstleistungen zurück; er beginnt, seine Verantwortung zu reduzieren und die Sorge für die Gesundheit im ambulanten Sektor zurückzugeben, d. h. jedem Einzelnen bzw. Leistungserbringer in dessen subjektive Handlungsorientierungen und alltägliche Lebensführungsmuster stärker als bisher einzuschreiben. Im *Abschnitt A* der Untersuchung wird diese Entwicklung mit ihren Folgen für die Zukunft der ambulanten ärztlichen Versorgung – deren Herausforderungen, Chancen und Risiken – näher dargestellt.

II. Sorgfaltsdefizite der Gesetzgebung mit Verstößen gegen die Grundsätze legislativer Kohärenz und Normenwahrheit

Die in ihr erkennbare Fortsetzung vertragsgestützter Umorientierung des Gesundheitswesens durch den Gesetzgeber will zugleich der Versorgungsqualität dienen und Wirtschaftlichkeitsreserven erschließen. Die Gesetzgebung nimmt dabei aber wenig Rücksicht auf die darin eingewobenen ärztlichen und kassenseitigen Interessen. Die berufliche Eigenständigkeit von Allgemein- und Gebietsärzten sowie die ärztliche Selbstverwaltung sehen sich zurückgeschnitten. Hausärzte werden zu Vertragsmanagern „degradiert“; die KV'en werden als originäre Vertragspartner von der hausarztzentrierten Versorgung ausgeschlossen. Daneben kommt es zur Einführung eines Primärarztsystems auf freiwilliger Grundlage. Das Recht der Versicherten auf freie Arztwahl wird dadurch partiell eingeschränkt. Zugleich werden die Vergütungsfolgen für die Gebietsärzte erheblich sein.

Das Gutachten geht auf diesem Hintergrund weitreichender Dimensionen einer neuen Architektur des Vertragsarztrechts, wie sie in *Abschnitt A* aufgezeigt wurden, vor allem dem Problembefund hausarztzentrierter Versorgung gem. § 73b SGB V im Einzelnen nach. Aus *Abschnitt B* der Untersuchung, dem diese Aufgabe zugewiesen ist, erschließt sich zugleich die mangelnde Sorgfalt des Gesetzgebers im Umgang mit dem – auch Gestaltungschancen eröffnenden – Intentionen einer „Lotsenfunktion“ der hausarztzentrierten Versorgung. Deutlich werden ferner die empirischen Defizite ihrer gegenwärtigen Umsetzung. Vor allem aber erschließt *Abschnitt B* der Untersuchung die Anwendungsschwierigkeiten des § 73b SGB V im Rahmen des „einfachen“ Rechts und dessen Fehleranfälligkeit.

III. Verfassungsverstöße der gesetzlichen Regelungen in § 73b SGB V

Der *Zweite Teil* des Gutachtens widmet sich in *Abschnitt C* zunächst den verfassungs- und gemeinschaftsrechtlichen Eckpunkten des Vertragswettbewerbs. Ausgehend von der Einordnung des Verfassungs- und Gemeinschaftsrechts als Maßstab und Grenze einer vertraglichen Normkonkretisierung legt das Gutachten den verfassungs- und gemeinschaftsrechtlichen Problemhorizont dar. Es grenzt die Reichweite der Aussagen gegenüber dem Gestaltungs- und Entwicklungsspielraum des Gesetzgebers für das gewählte Konzept des Vertragswettbewerbs im Gesundheitswesen ab. Vertragliche Abreden zur Normkonkretisierung werden für zulässig gehalten. Zugleich setzen sich die „Eckpunkte“ mit dem verfassungsrechtlichen Kompetenzrahmen hausarztzentrierter Versorgung nach § 73b SGB V auseinander. Während an sich die Gesetzgebungszuständigkeit für das Vertragsarztwesen auf Seiten des Bundes unstreitig ist, kommt es doch zu Problemen in der Abgrenzung bundesrechtlicher Sozialversicherungskompetenz im Verhältnis zur berufsrechtlichen Rechtsetzungszuständigkeit der Bundesländer. Doch wirken sich solche Konkurrenzfragen im Ergebnis nicht weiter aus. Auch immanente Kompetenzschranken des Bundes sind nicht festzustellen.

Erhebliche materiell-verfassungsrechtliche Probleme wirft dagegen der Grundrechtsschutz von Versicherten und der in § 73b SGB V nachrangig berücksichtigten vertragsärztlichen Leistungserbringer auf, die an der allgemeinen hausärztlichen Versorgung nach § 73 Abs. 1a SGB V teilnehmen. Die Einzelheiten hierzu werden in *Abschnitt D* der Untersuchung erörtert. Im Wesentlichen ergibt sich daraus, dass eine verfassungsrechtliche Beeinträchtigung sowohl der allgemeinen Handlungsfreiheit auf Seiten der Versicherten durch die Einschränkung des Rechts auf freie Arztwahl als auch eine verfassungsrechtliche Einschränkung der negativen Vereinigungs- und Koalitionsfreiheit nach Art. 9 Abs. 1 GG auf Seiten der nicht vertragsschließenden ärztlichen Leistungserbringer vorliegt. Gleichfalls ist ein Verstoß gegen die Berufszugangsfreiheit bzw. die Berufsausübungsfreiheit nach Art. 12 Abs. 1 GG in Verbindung mit Art. 3 Abs. 1 GG und dem Verhältnismäßigkeitsgrundsatz zu bejahen. Auf diesen gestützt, bezweifelt die Untersuchung auch die tatsächliche Eignung der aktuellen Fassung hausarztzentrierter Versorgung in fachlich-medizinischer Hinsicht. Schließlich verstößt die Regelung zur hausarztzentrierten Versorgung vor dem Hintergrund des Gebots der Systemgerechtigkeit (Art. 3 GG) gegen das Prinzip der Regelungskohärenz einerseits und den Grundsatz der Normenwahrheit andererseits.

IV. Gemeinschaftsrechtliche Unverträglichkeit des § 73b SGB V

Die darüber noch hinausgehenden Erörterungen im Gutachten zum *Gesundheitswettbewerbsrecht* setzen zu allererst am *Gemeinschaftsrecht* an. In *Abschnitt E* wird hierzu die Regelung des § 73b SGB V am europäischen Wettbewerbsrecht gemessen. Zu diesem Zweck entfaltet die Untersuchung eingangs die Rolle der gemeinschaftsrechtlichen Grundfreiheiten und des europäischen Wettbewerbsrechts für den Vertragswettbewerb. Dabei offenbart sich die Fragwürdigkeit des Bestandes von § 73b SGB V gegenüber der europäischen Niederlassungs- und Dienstleistungsfreiheit.

Die eigentlichen Problemgesichtspunkte formuliert weitergehend das *europäische Vergaberecht* in seinem Verhältnis zu den Selektivverträgen nach § 73b SGB V. Die Untersuchung kommt in ihrer Auseinandersetzung mit diesem thematischen Schwerpunkt zu dem Ergebnis, dass der Gesetzgeber in § 73b Abs. 4 S. 1 SGB V die Ausschreibungspflicht der Krankenkassen unter Anwendung des Vergaberechts bei der Auftragserteilung zur hausarztzentrierten Versorgung hätte vorsehen müssen. Ebenso hätte nach § 73b Abs. 4 S. 3 f. SGB V der Gesetzgeber die Ausschreibungspflicht der Krankenkassen in Anwendung des Vergaberechts bei Aufträgen zur hausarztzentrierten Versorgung zu berücksichtigen gehabt. Dagegen verstoßende vertragliche Absprachen der Krankenkassen mit Hausarztgemeinschaften oder anderen Verbänden von Leistungserbringern sind rechtwidrig und nichtig.

Demgegenüber sind *kartellrechtliche* Verstöße nicht nachweisbar. Zwar mag die Vorzugsstellung der Gemeinschaften auf Zeit eine vom Gesetzgeber geförderte unzulässige Kartellbildung darstellen, doch sind daraus folgende Missbrauchsfolgen empirisch derzeit nicht nachweisbar. Dagegen erweist sich die gesetzgeberische Einordnung einer Vorrangstellung bei dem Abschluss von Hausarztverträgen für die sog. Hausarztgemeinschaften (vgl. § 73b Abs. 4 S. 1 SGB V) als unvereinbar mit dem gemeinschaftsrechtlichen *Beihilfenrecht*. Die Zuwendung von Vorzugsrechten an eine einzelne Gruppe von Hausärzten (Allgemeinärzten) erweist sich als Verfälschung des Wettbewerbs auf dem ersten Gesundheitsmarkt. Insoweit ergangene Verträge sind ebenfalls rechtswidrig und nichtig.

V. Rechtsschutzaspekte

Unter Rechtsschutzaspekten lässt sich der ausgeführte Grundrechtschutz ebenso wie die Verwirklichung des Gemeinschaftsrechts im Wege einer sozialgerichtlichen Anfechtungs- bzw. Feststellungsklage über den Drittwiderspruch gegen einen Hausarztvertrag öffentlich-rechtlich vor dem Sozialgericht erreichen. Denn die Gemeinschaft und die jeweilige gesetzliche Krankenkasse errichten einen Vertrag, der dem öffentlichen Recht unterworfen ist (öffentlich-rechtlicher Vertrag).

Eine weitere Klagemöglichkeit ergibt sich aus der Anwendbarkeit des Vergaberechts. Nicht berücksichtigte Hausärzte nach § 73 Abs. 1a SGB V können als unterlegene Bieter spezifischen Rechtsschutz vor den Vergabekammern und sodann bei den Landessozialgerichten finden. Auf § 69 Abs. 2 S. 1 SGB V wird hingewiesen.

Dagegen steht den *KV'en* keine Rechtsschutzmöglichkeit zu. Ihnen bleiben allenfalls Einwände im Rechtsschutzwege gegen die erforderliche Vergütungsbereinigung bzw. gegen die Inanspruchnahme der KV'en in Notfall- und Bereitschaftsdiensten bzw. bei Praxisvertretungen vorbehalten.

Speyerer Schriften zu Gesundheitspolitik und Gesundheitsrecht

Herausgegeben von Rainer Pitschas

- Band 1 Rainer Pitschas (Hrsg.): Finanzreform in der gesetzlichen Krankenversicherung und Zukunft des Risiko-Strukturausgleichs. 2007.
- Band 2 Rainer Pitschas (Hrsg.): Gesetzliche Krankenversicherung und Wettbewerb. Auf dem Weg zu einer wirklichen Gesundheitsreform. 2008.
- Band 3 Rainer Pitschas (Hrsg.): Die Gesundheitsreform 2007 als Herausforderung an Beruf und Status der Vertragszahnärzte. 2009.
- Band 4 Rainer Pitschas (Hrsg.): Regulierung des Gesundheitsrechts durch Telematikinfrastruktur - die elektronische Gesundheitskarte. 2009.
- Band 5 Rainer Pitschas: Vertragswettbewerb in der ambulanten Gesundheitsversorgung. Zu den tatsächlichen und rechtlichen Grenzen hausarztzentrierter Versorgung durch Selektivverträge gemäß § 73 b Abs. 4 und 4 a SGB V. 2010.

www.peterlang.de

Ingwer Ebsen (Hrsg.)

Vergaberecht und Vertragswettbewerb in der Gesetzlichen Krankenversicherung

Frankfurt am Main, Berlin, Bern, Bruxelles, New York, Oxford, Wien, 2009.
214 S.
Frankfurter Schriften zur Gesundheitspolitik und zum Gesundheitsrecht.
Herausgegeben von Ingwer Ebsen und Thomas Gerlinger. Bd. 10
ISBN 978-3-631-58997-7 · geb. € 35.–*

Im April 2008 fand in der Goethe-Universität eine vom Institut für europäische Gesundheitspolitik und Sozialrecht (ineges) veranstaltete Tagung über „Vergaberecht und Vertragswettbewerb in der GKV" statt, deren Vorträge und Kommentare in diesem Sammelband zusammengefasst sind. Ziel der Tagung war es, ein wissenschaftliches Forum für die unterschiedlichen Perspektiven des Wettbewerbsrechts und des Sozialrechts auf das Vergaberecht – und zwar dasjenige der selektiven Leistungserbringungsverträge – zu schaffen und dies auch in den Vorträgen und Kommentaren zu dokumentieren. In der Zwischenzeit hat sich der Gesetzgeber der Materie angenommen, indem in das Gesetz zur Weiterentwicklung der Organisationsstrukturen in der gesetzlichen Krankenversicherung (GKV-OrgWG) einschlägige Bestimmungen aufgenommen wurden. Zur Zuordnung dieser neuen Rechtslage hat der Herausgeber dieses Bandes einen Beitrag verfasst, der nicht zu den Vorträgen der Tagung gehörte.

Aus dem Inhalt: Verhältnis von europäischem und nationalem Vergaberecht zu den selektivvertraglichen Beziehungen von Krankenkassen zu den Leistungserbringern der Gesetzlichen Krankenversicherung · Anwendbarkeit des Vergaberechts: etwa im Bezug auf Verträge der integrierten Versorgung sowie der Heilmittel- und Arzneimittelrabattverträge

FSC
www.fsc.org
MIX
Papier | Fördert gute Waldnutzung
FSC® C083411

Kolibri 360 GmbH
Ferdinand-Jühlke-Straße 7
99095 Erfurt, Deutschland
produktsicherheit@kolibri360.de

Druck:
CPI Druckdienstleistungen GmbH
im Auftrag der
Kolibri 360 GmbH
Ferdinand-Jühlke-Str. 7
99095 Erfurt